D1925885

Röhl · Der Ostler

ERNST RÖHL

Der Ostler,

das unbekannte Wesen

Geschichten

Herzlichst

Ernst Röhl

Eulenspiegel Verlag

22.02.03

Alle Leser dieses Buches, auch Sie, sind frei erfunden.
Jede Ähnlichkeit mit realen Lesern wäre reiner Zufall.

Inhaltsverzeichnis

I

Rätselhaftes Ostdeutschland

Wer sind seine Bewohner? Und warum sind sie besser im Bett als die Deutschen?
Warum arbeiten sie länger, verdienen aber nur achtzig Prozent?
Warum sind ostdeutsche Kinderverkrippung und kollektives Töpfchensitzen Ursachen rechter Gewalt?
Woran erkennen wir die Eingeborenen der neuen Bundesländer überhaupt, und wodurch eigentlich unterscheiden sie sich von den Deutschen?
Der Ostler, besagen wissenschaftliche Analysen, ist durchschnittlich einen Zentimeter kleiner als der Norm-Westler. Allerdings benötigt er längere Gürtel, weil er im Hüftbereich entschieden stärker ausfällt. Das vertikale Defizit wird durch Übergewicht mehr als ausgeglichen.
Der Ostler ist der deutschen Sprache mächtig, spricht jedoch erheblich langsamer als der Deutsche. Auch rückt er seinem Nächsten gern ganz dicht auf den Pelz: In einer Warteschlange hält er durchschnittlich dreißig Zentimeter weniger Abstand. Er geht eine Stunde früher ins Bett und steht eine Stunde früher auf. Das Wichtigste aber ist und bleibt: Er hat mehr Spaß am Sex.

***Für die Richtigkeit:* Der Spiegel**

Der Ostler – das unbekannte Wesen

Früher gab es Bundis und Zonis.
Heute gibt es Westler und Ostler.
Diese Wörter aber sollen wir nicht mehr sagen. Denn es sind Unwörter, die neue Mauern in deutschen Köpfen aufrichten und neue Gräben aufreißen in deutschen Herzen.
Darum nehmen wir uns jetzt ganz fest vor, so schlimme Wörter wie *Ostler* und *Westler* nicht mehr zu verwenden.
Der Ostler übrigens ist der Sieger der Geschichte. Er siedelt in den fünf *neuen* Bundesländern.
Der Westler muß mit den elf gebrauchten vorlieb nehmen.
Der Ostler ist überall Ossi, im Osten wie im Westen.
Der Westler dagegen ist Wessi nur im Osten. Im Westen ist er nischt Besonderes.
Vor ein paar Jahren noch galt der Ostler als doof. Inzwischen ist bundesweit bekannt, daß einige Ostler doch auch verdammt knifflige Aufgaben lösen können, einige haben ja sogar Abitur.
Kleines Beispiel:
Ein Ostler und ein Westler bewerben sich um dieselbe Arbeitsstelle. Der Personalchef stellt beiden – wegen der Chancengleichheit – eine Stichfrage. Dem Westler stellt er die Frage: »Wie viele Leute leben in den fünf neuen Bundesländern?« – Antwort: »Etwa sechzehn Millionen.« – »Richtig!« – Und dem Ostler stellt er die Frage: »Wie heißen die Leute? Und wo wohnen sie?«
Ich selbst war schon einige Male persönlich drüben.
Aber, ehrlich gesagt, da drüben ist es komisch:

Ich rede deutsch, aber die Leute verstehen mich einfach nicht.
Darüber bin ich immer ganz unglücklich. Und die Westler sind dann auch immer ganz unglücklich; denn die möchten mich ja gern verstehen.
Ich tröste die dann immer und sage: »Ich bin Ostler«, sag ich. »Ich bin anders. Und ich will anders sein. Versucht gar nicht erst, mich zu begreifen!« Sag ich. »Ich bin unbegreiflich. Und ich will unbegreiflich sein!«
Aber wenn du so was sagst, dann bist du schon gleich unten durch. Neulich in Ostfriesland haben sie mir knallhart die gelbe Karte gezeigt und gesagt: »Letzte Verwarnung, Sportsfreund! Wenn hier in Deutschland einer unbegreiflich ist, dann sind wir das!«
Tja, so sind sie, unsere Ostfriesen! Täglich treffen ganze Busladungen mit Ostfriesen in Mecklenburg-Vorpommern ein, die hier für ein paar glückliche Stunden den Rausch intellektueller Überlegenheit genießen wollen. Bloß das funktioniert leider nicht!
Denn im Osten gehen die Uhren anders. Wenn der Ostler auf die Uhr kuckt und es ist viertel vier, dann ist es für den Westler erst viertel nach drei, und das auch nur, wenn er zufällig vergessen hat, ein bißchen an der Uhr zu drehen.
Aber! Weil unsere Uhren anders gehen, denkt der Westler gleich, unsere Uhren sind kaputt.
Ich weiß ja auch nicht, ob wir damals nicht doch ein bißchen zu weit gegangen sind ...
1989! Im Herbst.
Andererseits war es mal eine Abwechslung. Und wir soll-

ten Verständnis aufbringen für jeden, der mal was Neues versucht.
Wir hatten eine frei konservierbare Währung!
Unsere Bonsais waren die größten der Welt!
Wir waren das Land mit der höchsten Planerfüllung in der ganzen Welt! Wir waren im Weltmaßstab führend im Stolz auf uns selbst. Kein Volk der Welt war so unbändig stolz auf uns wie wir!
Und es gab etwas, das machte uns auf der ganzen Welt keiner nach: Wir hatten seit langem schon eine Weltanschauung, obwohl wir uns die Welt noch gar nicht angeschaut hatten.
Und die Jungen Pioniere, die spielten nicht mit Barbiepuppen, sondern sammelten fleißig Sekundärrohstoffe, auf den Lippen ein fortschrittliches Lied:

Hamse nicht noch Altpapier –
Flaschen, Gläser oder Schrott?
Bitte, bitte, geb'nse's mir,
sonst holt sich's die FDJ!

Und dann immer diese Mangelwirtschaft!
Unser Handel hatte alles, was wir nicht brauchten.
Manches gab es, manches gab's nicht. Doppellagiges Klopapier zum Beispiel gab es. Jedoch nicht für alle. Bloß für die Verwaltung. Weil ein Durchschlag per Kurier immer gleich nach Moskau ging.
Aber Losungen und Parolen jede Menge:
Es liegt in deine Hände – verhüte Brände!
Es droht Gefahr, das müßt ihr fühlen, wenn Kinder mit Streichhölzer spielen!
FDJler, in den Wald! Macht den Borkenkäfer kalt!

Frauen und Mädchen, 'ran – im Wettbewerb von Mann zu Mann!
Wie geistreich klingen dagegen die funkelnden Werbeslogans der Gegenwart: Haribo macht Kinder froh, und Erwachs'ne ebenso.
Carefree-Slipeinlagen mit dem Morgenfrischegefühl.
Und HAKLE, der deutsche Multi für Rektalhygiene, kommt groß raus mit seiner Parole:

HAKLE feucht ist so famos,
hält sauber auch die Unterhos'.

Ja, das eine muß man ihm lassen, dem Westler: Dumm ist er nicht.
Der weiß doch genau, daß man ein After Shave auch fürs Gesicht benutzen kann.
Und positiv denken, das kann er. Viel besser, als ihr alle zusammen! Mensch, ihr müßt euch doch nicht ärgern über die Arbeitslosigkeit! Freut euch doch endlich mal darüber, daß die Arbeitsunfälle so selten geworden sind!
Und unsere Frauen sind natürlich nicht böse darüber, daß die sexuelle Belästigung am Arbeitsplatz endgültig der Vergangenheit angehört.
Kurz und gut, die Zeit ist reif!
Überwinden wir, was uns trennt! Neulich erst habe ich eine Gesellschaft für deutsch-deutsche Freundschaft gegründet. Wir fordern: doppelte Staatsbürgerschaft in Deutschland auch für Deutsche, eine für Ostler, eine für Westler! Wir zögern nicht, dem Westler die Hand zu reichen, zögern aber auch nicht, hinterher nachzuzählen, ob unsere zehn Finger noch alle dran sind!
Vergessen wir das eine nicht: Da drüben wohnen auch

Leute. Und gar nicht mal wenig: Vierundsechzig Millionen! Achtzig Prozent aller Deutschen sind Westler.
Das muß man auch mal sehen!
Wir hier im Osten, liebe Freunde, sind mit Mühe und Not nur zwanzig Prozent.
Die bittere Wahrheit ist: In Deutschland sind wir die Minderheit.
Aber!
Randgruppe oder Elite – das ist hier die Frage.
Ich denke ja, Elite!
Dafür spricht auch die neueste Emnid-Umfrage, Thema: Macht Fernsehen blöd?
Was stellt sich raus bei dieser Umfrage?
Es stellt sich raus: Zwanzig Prozent aller Deutschen glauben, daß Fernsehn blöd macht. Und die restlichen achtzig Prozent hatten die Frage nicht verstanden.

Die Heimbarrikade

»Ich bin immer dagegen gewesen!« rief ich.
»Du?!«
Hackbusch tat so, als wäre er total überrascht. »Ausgerechnet du! Du warst doch immer so leidenschaftlich dafür.«
»Quatsch! Wenn ich tatsächlich ausnahmsweise mal dafür gewesen sein sollte, dann höchstens dafür, daß wir dagegen sind.«
Hackbusch drohte mir: »Ich entsinne mich genau: Du warst vollinhaltlich dafür, daß wir dafür sind.«

»Das Gegenteil ist richtig!« sagte ich mit schneidender Stimme. »Ich war immer konsequent dagegen, daß wir dagegen sind.«
Dieser Hackbusch, müssen Sie wissen, ist eine menschliche Wetterfahne, ein Jenachdemer, wenn Sie wissen, was ich meine. Er verbreitet faustdicke Lügen über mich. Das heißt, in der Versammlung habe ich damals tatsächlich dafür gestimmt, logisch. Ich habe auch zur Diskussion gesprochen, klar.
Mein Schweigen wäre ja sowieso als Zustimmung ausgelegt worden.
Aber wie oft hab ich gedacht: Wenn das mal eines Tages anders kommt! Ich hab immer daran geglaubt, daß es mal anders kommt! Darum hab ich auch vorsichtshalber keinem geschadet!
Wie oft hab ich in Gedanken den Text der verbotenen Nationalhymne gesummt!
Ich hab mich geweigert, den Schwarzen Kanal bis zu Ende anzukucken. Den Anfang, hab ich gesagt, gut, einverstanden, Genossen, auch das Mittelstück, gern, aber das Ende? Nur, wenn ich dann zufällig noch wach sein sollte.
Ich bin Frühaufsteher.
Trotzdem, wie oft bin ich verspätet zum Dienst erschienen. Mindestens einmal im Monat! Was sag ich, im Quartal!
Wissen Sie, was das war? Aus meiner Sicht? Sagt Ihnen der Begriff passiver Widerstand was?
Und damals, als wir alle diese Briefe an Honecker schreiben mußten: Lieber Genosse Generalsekretär, wir wis-

sen, du hast es nicht leicht; denn das Zentralkomitee ist auch nur ein (in Ziffern: 1) Mensch ...
Ich hab das nicht mitgemacht!
Ich hab mich getraut.
Schon damals.
Das heißt, geschrieben hab ich den Brief natürlich. Aber ich hab ihn nicht ... Doch, abgeschickt hab ich ihn. Aber ich hab ihn nicht frankiert!
Wie gesagt, ich war schon immer ...
Seit der Wende machen wir nun endlich Nägel mit Köpfen. Bei mir zu Hause tagt alle vierzehn Tage ein – Pssst! – geheimer Zirkel. Aber immer erst nach Einbruch der Dunkelheit.
Da geht es zur Sache, Kameraden!
Da wird Kontra gegeben.
Und Re.
Und nach einem verlorenen Grand Hand kommen auch schon mal Thierse-Texte zur Verlesung. Das Buch sieht von außen total harmlos aus. Der Umschlag ein Bestseller von damals – Erich Honecker, »Aus meinem Leben«. Aber drinnen: der ganze knallharte Thierse.
Sie merken schon: Ich bin Berufsrevolutionär.
Ich hab mir sogar eine Heimbarrikade angeschafft.
Nußbaum furniert. Gibt's aber auch in Eiche und Palisander.
Diese Heimbarrikade mit dem Gütesiegel ermöglicht Revolutionen von hohem Gebrauchswert bei optimalen Arbeits- und Lebensbedingungen sowie sozialer Sicherheit. Die Oktoberrevolution in Petrograd fand noch im Freien statt. Bei naßkalter Witterung, stellenweise sogar

schon Bodenfrost und Glatteis, und die Konterrevolution hatte nicht gestreut! Was ist passiert? Die Oktoberrevolution mußte auf den November verschoben werden! Heimbarrikaden sind lieferbar in Rokoko, Empire und Hellerau. Meine ist Biedermeier. Für scheiternde bürgerlich-demokratische Revolutionen wie geschaffen. In Zeiten der Restauration eignet sie sich aber auch zum Sägen von Kaminholz für ein gemütliches Heim.
Eine Fahne hab ich natürlich auch.
Ein Banner. Von eigener Hand gebatikt.
Das Banner der Kommunalen Wohnungsverwaltung: schwarzer Fleck auf dunkelgrauem Grund.
Wie gesagt, ich war schon immer dagegen.
Und als ich damals so stark abgenommen hatte, neun Kilo in vier Wochen ... Diätkur, hab ich gesagt. Nur eine Diätkur, Genossen! Abnehmen, ohne zuzunehmen.
In Wirklichkeit war es Hungerstreik!
Wie gesagt, ich hab schon immer den Mund aufgemacht.
Wie weit, ist eine ganz andere Frage.
Aber das bleibt natürlich unter uns!
Ich hatte nämlich schon mal das Vergnügen!
Und einmal reicht!
Einmal ist mehr als genug.
Nur daß das klar ist: Ich hab gesessen.
Politisch.
Zwölf Monate verschärft.
Aber da wird dir die Zeit lang, Bruder. Ich hab heute noch Alpträume. Jede Nacht.
Ein Jahr Z ist ja auch nicht grade kurz, aber zwölf Monate Parteischule – das war die Hölle!

Lasagne

Sagen wir so: Der Ostler hat die Arbeit nicht erfunden. Experten bezeichnen ihn als regelrecht arbeitsscheu.
Er ruht, inmitten blühender Landschaften, seelenruhig in der sozialen Hängematte; faulenzen wie bei Honecker, Fettlebe wie bei Kohl und Schröder – so läßt er sich's gefallen. Besorgt fragen sich die Menschen im Westen: Gefährdet er, stinkend faul, wie er ist, am Ende vielleicht gar unsere Demokratie, die ohne deutschen Fleiß und deutsche Wertarbeit undenkbar ist.
»Hätte man«, fragt sich einer der tausend Autoren, die ihr Schaffen speziell diesem Thema weihen, »nach 1989 nicht doch sofort alle Zonis erschießen sollen? Oder wenigstens alle Thüringer und Sachsen? Zehn Jahre danach erscheint der Gedanke noch naheliegender, als er damals schon war. Aber so ist das: Hinterher ist man immer schlauer.«
Viele Menschen aus dem Westen unserer Heimat übersiedelten in die neuen Bundesländer, um fleißig mitzutun beim Aufschwung Ost. Frau Gabriele Mendling kam aus Wuppertal in den Osten; ihr Gatte hat hier eine gut dotierte leitende Stellung abgegriffen, wie nach der Vereinigung so viele Menschen aus dem Westen unserer Heimat.
Nach Frankfurt an der Oder hat es die Mendlings verschlagen, und, warum lange drum herum reden: Es ist die Hölle!
Man kann sich in Frankfurt/Oder nasse Füße holen, aber es gibt keine trockenen Weine! Nur die schweren, süßen

aus Ungarn. Die Ostler verwechseln ständig Oregano mit Ikebana, und sie sehen immer noch so aus, als hätten sie Sachen an, die sie in der Altkleiderbox erbeutet haben. Sie haben keine Ahnung; wenn im Kreuzworträtsel nach einem französischen Opernkomponisten gefragt wird, tragen sie voller Selbstvertrauen den Namen Bidet ein. Und das Beschämendste: Sie wissen ums Verrecken nicht, was Lasagne ist!

Frau Mendling ist so erschüttert, daß es in ihr sofort zu dichten beginnt.

Sie schreibt sich den Einheitsfrust von der Seele in einem Buch mit dem Titel »NeuLand«. Weil sich ignorante Ostler zu Tausenden der Mendling-Lektüre verweigern, empfinde ich es als meine Pflicht und Schuldigkeit, die Highlights ihres Werks in einer kurzen Best-of-Mendling-Kompilation zusammenzufassen. Vorher jedoch eine kurze Unterweisung in Sachen Lasagne!

Ostler, alle mal herhörn! Lasagne ist so was ähnliches wie Bandnudeln, nur viel breiter, so als wären die Bandnudeln plattgewalzt zu DIN-A4-Blättern. Mit diesen Lasagneblättern können Sie machen, was Sie wollen, zum Beispiel

Lasagne alla piemontese, zu deutsch Steinpilz-Lasagne

Zutaten für 6 Personen: 500 g Lasagne-Blätter, 100 g getrocknete Steinpilze, 1,5 kg Fleischtomaten, 100 g Zwiebeln, 2 mittelgroße Knoblauchzehen, 250 g Parmesan, 1 Achtel l Öl, 80 g Butter, 1 EL Olivenöl, 20-25 kleine Salbeiblätter.

Zubereitung: Steinpilze in heißem Wasser einweichen.

Tomaten einritzen und brühen. Stielansätze keilförmig herausschneiden. Tomaten häuten, vierteln, die Kerne herausdrücken und das Fruchtfleisch in Spalten schneiden. 350 g davon abwiegen und beiseite stellen. Zwiebeln und Knoblauch pellen und fein würfeln. Knoblauch durch die Presse drücken. Parmesan grob raffeln. Öl und Butter in flachem Topf erhitzen. Zwiebeln und Knoblauch glasig andünsten. Tomaten und Steinpilze zugeben und bei milder Hitze 35-40 Minuten einkochen. Mit Pfeffer würzen.
Die Lasagne-Blätter nach Packungs-Aufschrift garen. Eine eckige, ofenfeste Form (30 x 25 cm) mit Olivenöl auspinseln, mit Lasagneblättern auslegen, 2 EL Tomatenmasse draufstreichen. 4-5 Salbeiblätter und 3 EL Parmesan darüber verteilen und 10 Tomatenscheiben auflegen. Die Zutaten in gleicher Weise weiterschichten, dabei 4 EL Käse und 5-6 Salbeiblätter zurückbehalten. Käse und Salbei obenauf legen und mit dem restlichen Olivenöl beträufeln. Lasagne im vorgeheizten Backofen bei 225 Grad auf der 2. Einschubleiste von unten 30 Minuten garen. In der Form servieren. Guten Appetit!

Die kleine Frau Endlich gab mit spitzen Fingern eine Prise Oregano, italienisch: Origano, an ihre Lasagne con pesto alla genovese. Lasagne war, neben Kartoffelgratin, ihr Erfolgsrezept im Wuppertaler Freundeskreis gewesen.
Lucia Endlich galt nicht nur – wie Hera Lind – als deutsche Schriftstellerin, sondern auch – wie Alfred Biolek – als exzellente Köchin. So war es denn nicht allein für

ihre Leser links und rechts der Wupper, sondern auch für den harten Kern der nordrhein-westfälischen Feinschmeckerschaft ein herber Schlag, als sie eines Tages, verlegen lächelnd, durchblicken ließ, sie werde höchstwahrscheinlich umziehen, sie plane eine geradezu revolutionäre Luftveränderung.

Ihrem Gatten, einem aufstrebenden Journalisten, sei die Position des stellvertretenden Chefredakteurs in einer akzeptablen ostdeutschen Zeitungsredaktion angeboten worden, in einer Stadt, deren Namen an Rhein und Ruhr keine Sau kannte – tief im Osten, weit, weit hinterm Mond, sogar noch hinter Berlin, wo, wie der Kenner weiß, übergangslos die sibirischen Steppen beginnen.

Keiner wollte das glauben.

Alle hielten es für eine jener Schreckensmeldungen, die jede Konversation so niedlich aufhübschen. Da riech et doch überall so betörend nach Braunkohle, hieß es. Herr Endlich rückte den Irrtum gerade. Der Aufschwung Ost, erklärte er, habe zu einem höchst erfreulichen Abbau der Schmuddelindustrien geführt, speziell zu einer Gesundschrumpfung der Braunkohle. »Darum riecht es auch nicht mehr so eklig nach Schweiß«, sagte Frau Endlich, »stellenweise duftet es sogar schon nach Chanel Nummer fünf.«

Was sich zunächst angehört hatte wie die Laune einer kleinen Frau, war bitter ernst gemeint. Eines Tages verließen Endlichs ihre Heimat und übersiedelten in eine Region, von der nur Besoffene annehmen konnten, sie gehöre noch zur Freien Welt. Zur Äußeren Mongolei ja, zur Inne-

ren Mongolei, warum nicht! Aber zur Bundesrepublik Deutschland? Ausgeschlossen.
Dabei war das Bedrückende nicht einmal die Landschaft. Die Gegend war soweit ganz in Ordnung, alles im grünen Bereich: schmucke, neue Tankstellen, Supermärkte und Fertighäuser, eine Pommesschmiede von McDonalds, hier ein blauer See, dort ein raunender Kiefernhain. Der Aufbau Ost ging zügig voran. Straßenbau an allen Enden. Gerne nahmen die Endlichs Sperrungen, Umleitungen und improvisierte Verkehrsschilder in Kauf: Kraftfahrer! Wegen Bauarbeiten auf der Umleitung ist die Hauptstraße vorübergehend für den Verkehr freigegeben!
Die meisten Straßenschilder strahlten immer noch den zweifelhaften Charme der zweiten deutschen Diktatur aus. Im Fernsehen hatten Endlichs miterlebt, wie Bürgerrechtler die alten, überlebten Schilder entfernten. Die Ernst-Thälmann-Straße wurde zum Holzweg, die Straße der Kosmonauten zur Straße der Konsumenten, die Straße der Befreiung zur Straße der Bereifung. Doch solche höchst fälligen Umwidmungen waren offenbar Ausnahmen geblieben; denn die stalinistischen Straßenbezeichnungen, all die August-Bebel-Straßen, Karl-Marx-Alleen und Friedrich-Engels-Gäßchen, verschandelten das Stadtbild noch immer.
Sonntags unternahmen Endlichs Sightseeing-Fahrten durch die neuen Bundesländer, zu den Galopprennen im Hoppegarten etwa. »Setz den Florentiner auf«, sagte Herr Endlich, »ich fürchte, Lucia, der Hoppegarten ist hier weit und breit die einzige Gelegenheit, deine Hüte auszuführen!«

Unvermutet fanden sie sich eines schönen Tages im tiefsten Polen wieder. Gubin stand auf dem einen Ortseingangsschild, Lubin auf dem nächsten, zum Glück alles mit deutscher Übersetzung: Guben und Lübben. Ähnlich erging es ihnen in einem polnischen Dorf namens Chosebuz.

Sehnlichst gewünscht hatte sich Frau Endlich schon lange eine Fahrt nach Weimar, in die berühmte Stadt der Dichter und Denker. Wie schön, daß es ihrem Gatten gelang, sich für ein Wochenende frei zu machen und ihr diesen Wunsch zu erfüllen.

Gemeinsam besuchten sie die Geburtsstadt Goethes und Schillers und hatten großes Glück mit ihrem Stadtbilderklärer. Bis zur sanften Revolution mußte er als Germanistikprofessor lehren an der Karl-May-Universität Leipzig und hatte nach der Wende nicht gezögert, sein Hobby zum Beruf zu machen.

Obwohl selbst echter Ostler, war er auf seine Landsleute gar nicht gut zu sprechen. »O die Schamlosen!« klagte er. »Sie latschen in ihren ausgebeulten braunen Armee-Trainingsanzügen über den weltberühmten Frauenplan! Was sollen nur unsere Besucher aus den alten Bundesländern denken!«

Ihre Frauen, dachte Frau Endlich bei sich, sehen leider nicht besser aus: Muttitypen mit Dauerwelle und Kopftuch. Schrill-giftgrüne Lurexpullover brachten die griffigen Jahresringe so recht zur Geltung. Offenbar hatten sie nicht vor, sich irgendwann mal zu trennen von ihren geliebten Dederonbeuteln, die sie in Handarbeit aus abgelegten, fadenscheinigen Küchenschürzen herstellten.

Frau Endlich hatte die Menschen im Osten immer bewundert für ihren Mut und empfand es nun als kränkend, daß diese fabelhaften Revolutionäre sich so gehen ließen und rumliefen wie die rumänischen Bahnhofspenner.
Familie Endlich hatte fürs erste eine Villa gemietet, deren Wände mit scheußlichen dunkelbraunen Blümchentapeten beklebt waren und schleunigst gemalert werden mußten. Ihr Vermieter, der Genosse Koslowski, war nicht nur ein Betonkopf, sondern auch ein Fettsack.
»Warum«, fragte die gertenschlanke Frau Endlich, »sind die Leute im Osten nur solche Fettsäcke?«
Ihr Gatte als stellvertretender Chefredakteur kannte die einschlägigen Erhebungen; er konnte es ihr erklären: »Ganz einfach, Lucia! Weil sie Ossis sind.«
»Aber«, hinterfragte errötend die kleine Frau Endlich, »stimmt es denn wirklich, daß hier im Bett mehr los ist als in Wuppertal?«
»Ein Aberglaube, Lucia«, sagte Herr Endlich. »Ein Mythos, den die SED-Nachfolgepartei in die Welt gesetzt hat, um ihre Wähler in unverantwortliche Sexabenteuer zu stürzen.«
Nun mußte die Lasagne aber langsam soweit sein. Frau Endlich schmeckte ein letztes Mal ab und rundete mit einer allerletzten, winzigen Prise Oregano ab.
So!
Fertig!
Die Gäste konnten kommen.
Und sie kamen.
Aber wie sie wieder aussahen!
Der Genosse Koslowski im alten, ausgebeulten Trai-

ningsanzug von der Nationalen Front. »Ein Mann über vierzig ohne Bauch is'n Krüppel!« rief er mit heiserer Stimme.
Frau Koslowski trug ihre Rettungsringe so selbstbewußt zur Schau, als hätte ihr die Deutsche Lebensrettungsgesellschaft gerade einen Posten angeboten.
Herr Endlich, Gastgeber und für die Getränke zuständig, war verzweifelt. Keiner der beiden Gäste wollte auch nur nippen von seinen teuren trockenen Weinen.
»Hamse nich wat Lieblichet?« fragte Frau Koslowski.
Auch ihr Gemahl winkte heftig ab. »Bloß keen Wein!« rief er. »Im Doppelkorn liegt Wahrheit, denn ein Doppelkorn kommt selten allein!«
Frau Koslowski führte gleich das große Wort. »Früher war't bessa jewesen«, sagte sie, »wat die dir heute als Schrippe vakoofen, det is doch bloß 'ne Luftnummer, is doch det! Die Orjenal-Ostschrippe war ville bessa jewesen. Aba heute is ooch nich allet schlescht«, fuhr sie fort, »unse Tochta ihr Freund, der is Küchenscheff, aba janz wat Hohet, der is Deutscha Meista inne Jemeinschaftsvafleejung, staunt'a, wa?«
Nein! Nein! Nein!
An eine gepflegte Konversation war nicht zu denken.
Um zu retten, was – vielleicht – noch zu retten war, trug Frau Endlich ihre mit so viel Liebe komponierte Lasagne auf, und es glückte ihr tatsächlich, den zaudernden Koslowski zu einer Kostprobe zu überreden.
Wie eine triefende, fadenziehende Stulle lag das Stück Lasagne in seinen Arbeiter-und-Bauern-Pranken mit den schwarzen Fingernägeln.

»Herr Koslowski«, sagte Frau Endlich ganz, ganz lieb, »Ihr Besteck liegt direkt neben der Serviette!«

»Nee, lassense man, Gneedigste. Det jeht schon ürjendwie.« Mit schmerzverzerrtem Gesicht biß Koslowski tapfer in seine »Latzanje«.

»Wenn es Ihnen nicht schmeckt«, sagte Frau Endlich, »müssen Sie es natürlich nicht unbedingt essen.«

»Nee, nee, Gneedigste, der Mensch muß allet mal probiern! Nu weeß ick wenichtens, uff wat ick vazichten kann.«

Nein!

Es war nichts zu retten.

Absolut nicht.

Warum nur wollte einfach nicht zusammenwachsen, was doch zusammengehörte!

Was waren das überhaupt für Menschen, die schlichten Sekt nicht von edlem Champagner zu unterscheiden vermochten?! Früher hatten sie sogar im Russenmagazin eingekauft, was immer das sein mochte.

Lange lag die kleine Frau Endlich wach in dieser Nacht. Sie beschloß, über all das, was sie hier durchmachen mußte, einen Bestseller zu schreiben.

Dieser Bestseller sollte den Menschen die Augen öffnen!

Bei diesem Gedanken entschlummerte sie und hatte einen bösen Traum.

Sie weilte auf dem Bundespresseball und sah sehr, sehr gut aus. Daran und wohl auch an ihrem tief ausgeschnittenen, pinkfarbenen Vivienne-Westwood-Kleid mochte es liegen, daß ein blutjunger, gutaussehender Chefverleger eines großen internationalen Bestsellerverlages auf

sie aufmerksam wurde. Charmant forderte er sie zu einem flotten Tänzchen auf und sagte ihr viel Schmeichelhaftes.
Dann aber leistete er sich einen ganz bösen, unverzeihlichen Ausrutscher.
»Daß ausgerechnet Sie, liebe, gnädige Frau«, sagte er, »aus dem Osten stammen, also, das merkt inzwischen keine Sau mehr!«

Hosen runter, Hosen rauf oder was?

Ich will nicht ja übertreiben, aber wenn die Temperatur mal nicht so mitspielt, wenn der Hochsommer sich als grüngestrichener Winter präsentiert, ist das, was sich da oben abspielt an den geistig verminten Stränden von Mecklenburg und Vorpommern, der reinste kalte Krieg, bloß ohne Neutronenbombe und Tarnkappenbomber.
Daß es Zank und Streit und Mord und Totschlag gibt um die Ost-Immobilien, okay, dafür hat gewiß jeder Verständnis. Daß aber in der deutschen Badehose eine so gewaltige, allesvernichtende Sprengkraft steckt, hätten wohl selbst die erfahrensten Sprengstoffexperten nicht gedacht.
Mein Cousin Hauke Hauksen aus Flensburg-Harrislee jedenfalls hat, wie sich im Konfliktfall immer wieder rausstellt, ganz andere Vorstellungen von Sitte und Moral als wir. Elfie und ich wollten ihn mitnehmen an den Strand, aber er wußte schon, an welchen.
»Da«, rief er, »kriegen mich keine zwanzig Pferde hin!«

Unsere totalitär geprägten Ansichten über die sogenannte Freikörperkultur seien moralisch leider nicht konsensfähig.
Jedes Jahr drückt er treu und brav dreitausend Mark Kirchensteuer ab, und Hinterziehen kommt für ihn, speziell bei der Kirchensteuer, nicht in Betracht. Auf keinen Fall! »Nur über meine Leiche!« sagt er. Denn der Liebe Gott sieht alles. Infolgedessen fühlen sich beide, Hauke Hauksen und Jehova, an der östlichen Ostsee durch die schamlose Nacktheit der Eingeborenen in ihren religiösen Gefühlen tief verletzt.
Gott schweigt zumeist.
Doch Hauke spricht Klartext.
»Die Ostler sind Ferkel«, sagt er.
Der östliche Blößenwahn sei eine Vorstufe zum Kindesmißbrauch.
Und wenn er das sagt, dann wird wohl auch was dran sein.
Ich weiß bloß noch nicht, was.
Vielleicht liegt es daran, daß es im Westen den Körper offiziell schon lange nicht mehr gibt!
Zwischen Zugspitze und Flensburg-Harrislee ist der Körper längst vom Body verdrängt worden, und der Body unterscheidet sich vom naturbelassenen Körper ganz entscheidend dadurch, daß er gnadenlos gepflegt daherkommt, in einer Duftglocke von Deo, Lotion und After Shave, gepudert und geschminkt, hochgestylt, gepierct und vollgepflastert mit Tattoos und Tätowierungen.
Auch in diesem Punkt hinkt der Ostler chancenlos hinterher.

Ich selbst habe, offen gesagt, ein unverkrampftes, geradezu herzliches Verhältnis zum nackten Körper. Und Baden ohne Badehose ist ja auch viel gesünder. Wußten Sie, daß achtzig Prozent aller Nierenerkrankungen in der alten Bundesrepublik zurückgehen auf die Verdunstungskälte feuchter Badehosen?
In der DDR war diese Zahl seit den sechziger Jahren stark rückläufig; das hing mit dem Siegeszug der Freikörperkultur zusammen, den die bewaffneten Organe nicht aufhalten konnten. Wir haben uns damals einfach aufgestellt in Reih und Glied, wenn ich mal so sagen darf, und uns dann im Kollektiv die Hosen runtergerissen. Auf Kommando! In einmütiger Verbundenheit haben wir die Vopo mit unseren blanken fünf Buchstaben konfrontiert und im stillen gedacht: Vopos, ihr könnt uns mal!
Und wenn die sowjetische Besatzungsmacht gegen uns mobil gemacht wurde, haben wir bloß fröhlich gewinkt und gerufen: »Hallo, Towaritschi, die Augen links! Vor Freunden haben wir keine Geheimnisse!«
Wir haben sogar die Zensur soweit aufgeweicht, daß ein Bestseller mit dem anstößigen Titel »Nackt unter Wölfen« ganz normal erscheinen konnte. Mitten in der DDR! In einem volkseigenen Verlag.
So war das! Jedenfalls hab ich keinen Bock, mir vom Papst oder von Sakralstalinisten wie dem Kardinal Meißner, dem Stellvertreter des Stellvertreters Gottes auf Erden, das Nacktbaden verbieten zu lassen. Das hab ich mir von den Funktionären der zweiten deutschen Diktatur auch nicht verbieten lassen.
»Ach, Mann, hör doch auf«, sagt mein Cousin Hauke

Hauksen, »bei euch im Osten gab's doch bloß keine Bikinis!«
Wenn ich ihm erzähle, was bei uns los war, schlägt er die Hände überm Kopf zusammen. Und daß das Regime gegen uns FKK-Fritzen nur die Vopo eingesetzt hat und nicht gleich die Stasi, das kann er gar nicht glauben.
Aber wenn's gegen die sogenannte Freikörperkultur geht, sagt er, bitte schön, dann hat er für seine Person, sagt er, und ich möge das bitte nicht falsch verstehen, für die Stasischergen sogar ein stückweit Verständnis, ausnahmsweise, so schief sein diesbezüglicher Standpunkt bei der Gauck-Behörde auch ankommen mag!
»Ich bin wirklich nicht prüde«, sagt er, »da kannst du fragen, wen du willst! Ich hab nichts gegen Busengrapschen oder gegen eine anständige Tittenzeitung, auch nicht gegen einen Kinderporno aus dem Internet oder gegen Lolita-Fickimicki auf Sylt, wenn das ohne Gummi gemacht wird, und schon gar nichts gegen Tierliebe mit vierbeinigen Freunden, Ferien auf dem Bauernhof, wo man direkt im Grünen mal so richtig die Sau rauslassen kann, und das darf ruhig auch ein stückweit mehr sein als bloß primitiv und naturbelassen mit Vögeln und Geflügel im ersten Zugriff, meinetwegen eine ausgewachsene Schweinerei ganz ohne Lack und Latex. Das ist schlicht und ergreifend Lebensfreude pur, mein Alter, das ist Hedonismus. Nee, Alter, du kannst mir nachsagen, was du willst, bloß keine Prüderie!
Aber!
Alles muß auch seine Grenzen haben!
Vetteln mit zweihundert Prozent Übergewicht und Dol-

ly-Buster-Titten«, sagt er, »solche Typen splitternackt am Campingherd, oh, no, bebi, senk ju werry matsch, dafür bin ich damals nicht auf die Straße gegangen!«
Bei ihm in Flensburg-Harrislee wäre so was unmöglich. Da heißt es am Badestrand: sehen und gesehen werden! Wer hat den angesagtesten Tanga, wer hat die teuerste Badehose?
Aber dieses Feeling für Ästhetik sucht man im Osten immer noch vergebens.
»Keine Hose auf'm Arsch, aber La Paloma pfeifen!«
Ich zucke die Achseln.
Wenn das alles für ihn so furchtbar schrecklich sei, sage ich, dann wär's doch wohl das Beste, er verzieht sich wieder nach Kampen oder Norderney oder meinetwegen nach Monte Carlo.
Doch so einfach ist es eben nicht.
Erst vergangenen Herbst hat er das Grundstück in Warnemünde erworben.
»Irgendwas mußt du ja abschreiben von der Steuer, wenn du schon«, wiehert er, »deine Alte nicht mehr absetzen darfst!«
Die Gegend, doch ja, na klar, MeckPomm, vielleicht nicht so ganz hundertprozentig sein leffel, bestenfalls eine Art Lido für Arme, ansonsten aber queit normel: frische Luft, goldener Strand, blaues Meer.
»Mal ganz objektiv«, sagt er, »die Natur hat es gut gemeint mit dem Osten! Wir im Westen hatten zum Ausgleich ein bißchen mehr Glück mit den jumen reits: Demokratie, Reisefreiheit, diese Sachen.«
Das sei überhaupt der Punkt!

Wenn ich mich über ihn aufrege, weil er seinerseits sich über den Nacktkult aufregt, dann, sagt er, muß er im Gegenzug mir leider sagen, und zwar in aller Deutlichkeit und ohne Wenn und Aber: Er läßt sich seine Freiheitsrechte, die ihm der Grundgesetzartikel zwei garantiert, durch nichts und niemanden einschränken. Er trägt, auch im Osten, gerade im Osten, demonstrativ und in aller Öffentlichkeit, seine kostbare Badehose, die mehr als achthundert Mark gekostet hat.

»Der Ostler«, sagt er, »zeigt mit seinem nackten Arsch doch bloß, daß er immer noch nicht angekommen ist in Deutschland.«

Weil der Ostler nicht wirtschaftlich denken kann.

Der kommt Jahrzehnte nach dem Mauerfall noch immer nicht auf die Idee, daß die deutsche Textilindustrie stinksauer ist auf die ganze Kulturistenbande.

»Nacktbaden«, hämmert er mir ein, »setzt wertvolle Arbeitsplätze aufs Spiel!«

Das, sagt er, sei an sich schon schlimm genug. »Aber das Allerschlimmste ist: Am Nacktstrand hast du deinen Ausweis nicht bei dir.«

»Nö«, sag ich, »den müßtest du dir ja schon sonstwo hinstecken.«

»Siehste!« sagt er. »Daß ich mit Konsumverweigerern verwechselt werde, das fehlt mir grade noch! Für die deutsche Einheit geh ich gerne baden, jederzeit, egal, wie kalt das Wasser ist.

Aber!

Nicht ohne meine Markenbadehose!«

Wenn ich Kanzler wär

Am liebsten wäre ich natürlich ein bluttriefender Diktator, ein Saddam in Menschengestalt, möglichst in einem Schurkenstaat. Meine erste Amtshandlung wäre die Einführung der Todesstrafe, die, wegen der sinkenden Strompreise, unbedingt auf dem elektrischen Stuhl exekutiert werden müßte. Vorsorglich würde ich den Staatshaushalt meines Landes auf mein Schweizer Privatkonto überweisen und noch vor dem Frühstück jeden meiner Minister eigenhändig auspeitschen mit der neunschwänzigen Katze.

Für den Fall, daß mir diese Karriere versagt bleiben sollte, reicht zur Not auch der Posten des deutschen Bundeskanzlers.

Meine erste Amtshandlung wird der Ankauf einer Kiste Zigarren sein, zu hundert Mark das Stück. Dann kaufe ich mir Armani-Socken, Bruno-Banani-Unterhosen, Brioni-Anzüge, jede Menge Kaschmirmäntel und laß mich für den PLAYBOY fotografieren, und zwar sowohl von links als auch von rechts, weil ich um jeden Preis die deutschen Schwiegermütter für die Politik der neuen Mitte gewinnen will.

Dann wird Belgrad noch mal bombardiert!

Und wenn alles wieder malerisch in Schutt und Asche liegt, wird auf den Sieg angestoßen und sofort eine Friedensrede gehalten, und zwar etwa so:

Liebe Mitbürgerinnen und Mitbürger!

In aller Bescheidenheit sei es gesagt: Mit dreizehn Litern pro Kopf und Leber ist der deutsche Schluckspecht weltweit führend im Alkoholkonsum. Allein daran schon erkennen wir: Deutschland ist kein ausländerfeindliches Land! Der Deutsche sieht nur infolge seiner Neigung zu geistigen Getränken jeden Ausländer doppelt und dreifach.

Auch die ostdeutsche Erwerbslosenquote, die unter Alkoholeinfluß mehr als viermal so hoch ausfällt wie die Arbeitslosigkeit im Westen, sinkt, nüchtern betrachtet, auf das Doppelte.

Merke: Mit Alkohol im Blut sieht die Welt entschieden freundlicher aus! Alle Anzeichen deuten machtvoll hin auf ein neues Wirtschaftswunder.

Und wo in Deutschland findet dieses Wirtschaftswunder statt?

Richtig, im Osten!

Weil ich den Osten zur Chefsache gemacht habe!

Ich hab zwar keine Ahnung, was ich damit meine, finde aber, es klingt nicht schlecht.

Jedenfalls hat der Aufschwung Ost den Gipfel der Talsohle erreicht!

Denn, sehnse, es gibt in Ostdeutschland alles zu kaufen, obwohl in Ostdeutschland gar nichts mehr hergestellt wird. Und die letzten noch aktiven ostdeutschen Arbeitnehmer müssen höllisch aufpassen, daß sie nicht schon morgen entlassen werden, wenn vielleicht auch bloß wegen guter Führung.

Na, und das, liebe Trinker, ist doch wohl einen Asbach Uralt wert!

Wie gesagt, mit dreizehn Litern pro Kopf und Leber ist der deutsche Schluckspecht weltweit führend im Alkoholkonsum. In diesem unserem Deutschland gibt es entschieden mehr Alkoholiker als, sagen wir, FDP-Wähler. Das heißt, künftig dürfen nicht mehr der Westerwelle und der Kinkel entscheiden über die Vernichtung von Arbeitsplätzen, sondern Mariacron und Johnny Walker, meine Damen und Herrn ...

Wenn ich Kanzler wär, würde ich vor den Wahlen jeden Wähler rechtzeitig warnen.

Bei Wahlen, würde ich sagen, bloß nichts überstürzen!

Immer mit der Ruhe!

Erst ankreuzen, dann denken!

Nicht mal beim Telefonieren kannst du dich so schnell verwählen wie bei einer Bundestagswahl, und hinterher tut es dir dann leid. Aber dann ist es zu spät. Wenn du deine Stimme erst mal abgegeben hast, Kamerad, dann ist sie futsch, dann hast du nichts mehr zu sagen, dann bist du verstummt.

Ich bin heute noch sauer auf mich, weil ich mitschuldig geworden bin, als wir den guten, alten Kanzler K. abgewählt haben!

Wir beide mochten uns.

Er hat nie ein böses Wort über mich gesagt, und ich habe ihn immer bewundert. Für die allermeisten war er ja auch nicht der Herr Dr. K., sondern der Helmut. Allein daran schon erkennen wir: Er war beim Volke beliebt.

Wen das deutsche Volk liebt, den nennt es verliebt beim Vornamen: Adolf! Walter! Willi! Erich! Oskar! Gregor!

Und Dr. K. war für uns alle nur: der Helmut!

Er war der große Geschichtsvollzieher.

Ein Mann wie eine deutsche Eiche!

Mit einer Körperhöhe von fast zwei Metern war er der größte Kanzler seit Adolf Hitler.
Sechzehn Jahre lang war er nicht nur der Repräsentant des schlanken Staates, sondern mit seiner ausgeprägten Gesäßhaftigkeit auch der schwerste Kanzler der Europäischen Gemeinschaft.
Mehr als einmal brachen deutsche Trinker, wenn sie ihm begegneten, spontan in den Ruf aus: »Hoho, da sind ja schon wieder die beiden Wildecker Herzbuben!«
Ich vermisse ihn sehr.
Er war der größte Versprecher deutscher Zunge.
Er sagte Sachen, die wären nicht mal Karl Dall eingefallen.
Unvergessen sein Bonmot »Entscheidend ist, was hinten rauskommt.«
Oder: »Ich verstehe durchaus etwas vom Fußball und kenne sehr wohl den Unterschied zwischen einem Strafstoß und einem Elfmeter!«
Oder: »Der deutsche Wald ist keine Einbahnstraße!«
Oder: »Für die Deutschen ist wieder die Chance zum Frühjahr gekommen, daß der Winter geht und der Sommer dann kommt.«
Oder: »Der Zug der deutschen Einheit fährt jetzt langsam durch den Bahnhof der Geschichte.«
Unerreicht sein analytischer Scharfsinn. »Die Jahrhundert-Überschwemmung an der Oder«, sagte er, »war für die Menschen im Osten die größte Katastrophe nach der Vereinigung Deutschlands.«
Auf einer Pressekonferenz zum Abtreibungsparagraphen 218, in der Stunde der Wahrheit, machte er aus seiner

Hose keine Mördergrube. »Zur Erhöhung der niedrigen Geburtenrate in Deutschland«, sagte er, »kann ich leider nur einen bedingten Beitrag leisten.«
Und im Kampf gegen die heimtückischen Landminen mahnte er uns zur Geduld mit den Worten: »Das Problem der Tretminen läßt sich nur Schritt für Schritt lösen.«
O ja, wir hatten viel Spaß miteinander.
Aber, wie gesagt, der Wähler hat es ihm nicht gedankt. Der Wähler hat Helmut K. kalt und herzlos umgetauscht gegen einen Neuen. Ausgerechnet gegen den Gerd!
Der Gerd hat natürlich sofort den ultimativen Amtseid runtergerattert: »Ich schwöre, Schaden im deutschen Volke anzurichten!«
Dieser Eid ist auch optisch gut rübergekommen; denn der Gerd ist ausgesprochen fotogen. Er sieht aus wie das Wunschkind von Hans-Olaf Henkel und Angela Merkel. Allerdings fragt man sich natürlich auch: Wenn er nun schon mal den Osten zur Chefsache erklärt hat, warum hat er dann nicht längst den Friseur von Angela Merkel vor Gericht gestellt?
Aber ich will ihn nicht nur kritisieren, im Gegenteil. Der Gerd ist ein Visionär, wie er im Buche steht.
Der Gerd hat noch Träume!
Am liebsten träumt er, die Deutschland AG wäre ein riesengroßer Hühnerhof mit achtzig Millionen freilaufenden Hennen, die sich allesamt den Arsch aufreißen, um goldene Eier zu legen für die Automobilindustrie, und er selbst wäre der stolze Hahn, und die liebe Sonne ginge morgens über Deutschland nur aus dem einzigen Grunde auf, ihn, den Gerd aus Hannover, krähen zu hören.

Voller Vertrauen haben ihn seine Freunde von der Wirtschaft als Postboten losgeschickt, dem deutschen Volk das mit viel Liebe geschnürte Sparpaket zuzustellen. Für diese Dienstleistung, so wird allgemein angenommen, sei er der rechte Mann; denn er ist ein Linker, und zwar ein Linker, der es wagt, mit dem Volke zu rechten, mit anderen Worten: Er ist der rechte Mann, das Volk zu linken.
Der Gerd gilt als Garant der sozialen Gerechtigkeit!
Die Gerechtigkeit, sagt er, wird eines Tages siegen.
Über wen, das kriegen wir später.
Mit dem Gerd an der Spitze fällt es den Spezialdemokraten nicht schwer, bei Wahlen aller Art die ominöse Fünf-Prozent-Hürde zu überwinden. Und dann steigen auch gleich die Korken.
Dann geht's lohos, dann geht's lohos! Dann wird gefeiert Seit an Seit, und die alten Lieder klingen:

Frau Wirtin hat ein Kanapee,
drauf schläft sie mit der SPD,
doch nur mit jungen Bengels!
Die Alten sitzen nebenan
Und lesen Marx und Engels.

Schlägerei im Haus der Freundschaft

Mein Leben für die Presse

Der Journalist ist ein bescheidenes Wesen! Seine geistigen Ansprüche sind gering. Was er schreibt, ist piepe. Ob es stimmt oder nicht, ist egal. Hauptsache, es ist spannend.

Schon die Überschrift muß abgehen wie die Schnellpost: Schrecklicher Regen – sogar Fische ertranken.
Oder: Sterbende Mutter gab totem Kind das Leben.
Solche Überschriften kannten wir im Osten früher ja gar nicht.
Bei uns klangen die Überschriften so:
Willi Knochenhauer formte aus uns ein festes Kollektiv.
Diplomatenjagd im Bezirk Suhl.
Klofrauen Boliviens fordern: Macht in die Hände der Demokraten!
Oder: In drei Schichten gute Arbeit / Brigade Nase zeigt anderen Bereichen, wie man erfolgreich bohren kann.
Ich habe das Redakteurshandwerk von der Pike auf gelernt und meine Karriere ganz weit unten begonnen. Als Korrektor, wie es sich gehört. Korrektoren und Zensoren gibt es heutzutage so gut wie gar nicht mehr, sie gelten als ausgestorben wie die Kinosaurier.
Und das ist gut so. Die Arbeit des Korrektors war eine undankbare, intellektuell weit überschätzte Tätigkeit. Mein total bekritzelter, wackliger Schreibtisch stand in der dunkelsten Ecke der Druckerei. Durch eine Mansardenluke von der Größe einer kleinformatigen Todesanzeige drang gerade soviel Tageslicht in meinen Verschlag, daß ich bei Arbeitsbeginn mit einiger Aussicht auf Erfolg nach dem Schalter meiner Tischlampe tasten konnte.
Und dann saß ich da mit meinem Talent, eine Art Fritze Bollmann der Polygraphie, und warf von früh viertel acht bis nachmittags viertel fünf verzweifelt die Angel aus nach Zwiebelfischen. Treu und brav machte ich mit dem Rotstift Jagd auf Druckfäller und Stielblüten.

Da kreuzte etwa ein Buch mit sieben Segeln auf, der Kartoffelsalut, die Akademie der Küste, ein Professor mit Lehnstuhl, der Hosenkavalier, der Bierokrat, der Facharzt für Kohlkopf..., nein, für Kahlkopf..., nein, für Kehlkopfkrankheiten.

Manchmal fand sich ein H in der Suppe, das rechtens in den Rododendron gehörte; Rododendron, das sei an dieser Stelle ausdrücklich hervorgehoben, wird auch nach der Rechtschreibreform unbedingt und in jedem Fall mit H geschrieben, nur – an welcher Stelle? Der Druckfehlerteufel liegt ständig auf der Lauer, begierig, die weisen Emanationen großer Geister in den Staub zu ziehen.

Allein das Wort Nieselregen ermöglicht wenigstens drei verheerende Fehlleistungen: Rieselnegen, Reselniegen, Neselriegen. Und schnell ist der Mittelwellensender zum Mittelseelenwender entstellt oder das Statistische Bundesamt zum Buddhistischen Standesamt!

Als kränkend empfand ich seinerzeit, daß ich Dank und Anerkennung mit meinem verbalen Säuberungseifer so gut wie gar nicht errang und wohl auch nicht erringen konnte. Wenn der Kriminalkommissar einen schweren Jungen nach langer Fahndung endlich dingfest macht, ist das für seine Vorgesetzten ein Anlaß, ihren Kommissar mit Orden und Ehrenspangen zuzuschütten, gelegentlich sogar den erfolgreichen Fährtenhund.

Wenn aber ein Zeitungskorrektor die beste Zeit seines Lebens darauf verwandte, Tag für Tag aus jedem Leitartikel, den Gott werden ließ, die Druckfehler zu tilgen, hatte er nichts weiter getan als bloß seine verdammte Pflicht und Schuldigkeit. Ich war also mit einem lau-

warmen Händedruck des stellvertretenden Chefredakteurs schon bestens bedient.
Die erste Zeitung, für die ich tätig wurde, nannte sich Volkszeitung; hieß aber im Volke wegen ihrer rauschhaften Erfolgsberichterstattung nur Erfolgszeitung. Zur Arbeitsweise unseres Regionalorgans gehörte es, das meiste nur deshalb zu drucken, weil es der Rede nicht wert war. Texte dieser Sorte erhielten allein durch Druckfehler ihre humoristische Würze und ihre krönenden Pointen.
Darum begann ich Fehlleistungen, denen ich genügend Unterhaltungswert zutraute, vorsätzlich zu übersehen. Auf diese Weise machte ich sie der Leserschaft zugänglich, orthographische Pannen bei Wörtern wie Gehacktes, Schweißer, Preisschießen oder Generalforstmeister selbstverständlich ausgenommen.
Blödsinn wie etwa den Verunstaltungsplan des Boxvereins jedoch tolerierte ich zum Wohle des Volkes. Auch Headlines wie: Junge Mütter gaben sich ein Stilldichein. Oder: Neues Krematorium wurde eingeweint.
Auf der Landwirtschaftsseite ließ ich den langährigen LPG-Vorsitzenden passieren. Der fehlerhaft gesetzte Titel des sozialistisch-realistischen Fortsetzungsromans lautete eines Tages zur Freude meiner Leser: »Ein blondes Huhn findet auch mal ein Korn.« Und der Wetterbericht endete zumeist mit einem Ausblick, der dem historischen Optimismus jener Jahre aufs schönste gerecht wurde: Nachts weiter sonnig.
Vorsätzlich versäumte ich es, Einspruch zu erheben gegen den Abdruck einer Anzeige, von der ich selbst nicht recht

wußte, ob sie nun die saumäßige Planwirtschaft thematisierte oder doch eher die planmäßige Sauwirtschaft: Suchen Wohn- oder Kulturbaracke – LPG Der Sozialismus siegt.
Ein von allen guten Geistern verlassener Autor gab seiner Reportage über ein Freundschaftstreffen mit sowjetischen Freunden die Überschrift: »Schlägerei im Haus der Freundschaft!« Und er brachte es nicht übers Herz, die folgende Stelle ersatzlos zu streichen: »Die Kneipenschlägerei artete so sehr aus, daß Freund und Feind hinterher zugerichtet waren wie nach einem Fußballfreundschaftsspiel.« Erwartungsgemäß konnten Freund und Feind daraufhin etwas erleben! Sie erlebten sowohl helle Empörung bei der DSF, der Gesellschaft für Deutsch-Sowjetische Freundschaft, als auch die strenge Maßregelung des auffällig gewordenen Verfassers.
Mein Glanzstück war eine Überschrift, die dick und fett über einem Aufmacher zum 29. Jahrestag prangte, und zwar in gewaltiger Zwanzig-Punkt-Schrift, die selbst Blinde noch bei totaler Finsternis lesen können. Sie lautete: Für jedes Problem gibt es eine Losung.
Diese Propaganda-Aussage war auf produktive Weise fehlerhaft. Nur zwei winzige Kleinigkeiten fehlten – die Pünktchen über dem O. Doch gerade dieser Mangel brachte den subversiven Realitätsbezug hervor. Es liegt mir fern, mich zum Helden zu stilisieren. Ich gestehe, daß ich lange grübelnd saß und an meinem Rotstift nagte. Meine Hände zitterten, ich spürte die Gefahr. Sollte ich die Losung zur Lösung machen, wie die Redaktion es beabsichtigt hatte?

Ich entschied mich richtig. Ich nahm den Fehler nicht zur Kenntnis, ich weigerte mich, ihn zu markieren und durch Korrektur die fehlerhafte Wahrheit zur korrekten Lüge zu entstellen. Lieber Staatsfeind als Anpasser! Sollten sie mich doch ins Gefängnis stecken! Sollten sie mich doch erschießen oder wahlweise foltern!

Zum Glück hatte ich Glück. Bautzen blieb mir erspart. Statt dessen delegierte mich die Redaktion zum Studium der sozialistischen Zeitungswissenschaft. Der Kaderleiter schüttelte mir zum Abschied die Hand und sagte herzlich: »Damit du dumm bleibst, Genosse, werden wir dich schulen.«

Jahrzehnte vergingen, und eines Tages stellte sich heraus, daß wir nach Strich und Faden betrogen worden waren!

Die Oktoberrevolution hatte gar nicht im Oktober stattgefunden, sondern im November! Stalin hatte gar nicht Stalin geheißen, sondern Dschugaschwili und Lenin nicht Lenin, sondern Uljanowski!

Also, ehrlich, wenn ich gewußt hätte, was für eine miserable Vergangenheit aus meiner Zukunft einmal werden würde, hätte ich eine andere Zukunft eingeschlagen!

Jedenfalls kam die Wende, und die gespaltene Zunge gehörte der Vergangenheit an. Zügig räumte der Kaderleiter dem Personalchef seinen Sessel. Nun war Schluß mit Broiler, Getränkestützpunkt und Sättigungsbeilage. Nicht nur die rauhfutterverwertende Großvieheinheit machte den Abgang, sondern auch die duldungsorientierte besamte Jungsau. Der Sekretär für Agitation und Propaganda wurde zum Werbechef, der Werktätige zum

Arbeitslosen, der Sterbehelfer zum Finaldesigner, der Zahnarzt zum Oraldesigner. Der Mitläufer stieg um auf einen Mittelklassewagen.
Allerdings werden viele diese ganze verschnarchte Trabi/Ossi-Ausstrahlung einfach nicht los! Dumpfbacke – so lautet ihr liebenswerter Spitzname. Friede, Freude, Eierkuchen – so lautet ihre liebenswerte Parole. Mit ihrer posttotalitären Melancholie sind sie die reinsten Partykiller, und obwohl die deutsche Sprache in stürmische Bewegung geraten ist, rutscht ihnen im Eifer des Gesprächs öfter noch der Broiler raus oder eine Kaufhalle.
In meiner Wohngegend hatten wir früher eine Produktionsgenossenschaft des Tischlerhandwerks. Hier duftete es würzig nach Kiefer und Eiche; denn diese Tischler stellten Särge her, und darum hieß der Betrieb jahrzehntelang unbeanstandet PGH Sargtischlerei. So hießen solche Betriebe damals üblicherweise. In Rathenow an der Havel gab es sogar eine PGH Sargtischlerei Neues Leben. Diese Bude ist seitdem mehrfach umbenannt worden, das läßt sich ja denken, zunächst in PGH Erdmöbel, dann in Erdmöbel GmbH, und ich hoffe doch sehr, daß es den Virtuosen des Hobels gelungen ist, sich am Markt zu behaupten.
Nicht auf dem Markt, sondern am Markt!
So muß man neuerdings sagen: am Markt behaupten. Aber nicht am, sondern im Markt positionieren.
An Weihnachten! An Ostern, an Pfingsten.
Nicht im Jahre 2000, sondern kurz und knapp: in 2000!
Aber nicht in der Woche, sondern unter der Woche.

Dies ist der elegante süddeutsche Gebrauch der Präpositionen! Er weht wie die Brotzeit aus Know-How-Country herüber in den Osten und klingt halt ausgesprochen lecker, gell?
Ich bin stolz, ein Deutscher zu sein und sage zum Samstag schon lange nicht mehr Sonnabend. Und natürlich habe ich mir – passend zum neuen Outfit – all diese gediegenen Lifestyle-Vokabeln eingeprägt: the briefing – die Postzustellung, the patchwork – die Fliegenklatsche, the striptease-table – der Ausziehtisch.
Den Leuten im Osten kann ich nur dringend raten, das Studium der Fremdsprachen noch ein wenig zurückzustellen und zunächst einmal unsere neue deutsche Sprache zu studieren – eine Sprache der verschärften Bildhaftigkeit, in der rote Socken, alte Seilschaften und bräsig vor sich hindumpfende Betonköpfe die deutsche Einheit zur Erbsenzählerei verzwergen. Seiteneinsteiger, Querdenker, Senkrechtstarter und Überflieger stehen auf dem Prüfstand und sehen sich bei Grabenkämpfen mit Minenhunden, Baulöwen und Immobilienhaien in einen Schlagabtausch um Filetstücke verwickelt; nur der hautnahe Schulterschluß kann sie herausführen aus der Talsohle der Grauzone. Und in der Wirtschaft kann Gewinne nur einfahren, wer die Produktion verschlankt, die Löhne einfriert, das soziale Netz flächendeckend und kostendämpfend gesundschrumpft sowie auf dem Wege der Personalentsorgung ausdünnt, auskämmt und schließlich hermetisch deckelt, um nicht finanziell draufsatteln zu müssen.
Wer sein Brot als Journalist verdienen will, muß sprach-

lich auf der Höhe sein. Das Investitionserleichterungs- und -hemmnisbeseitigungsgesetz ist deshalb für mich ebenso wenig ein Fremdwort wie das Registerverfahrensbeschleunigungsgesetz, die Dorferneuerungsbedürftigkeitsuntersuchung oder die Verwaltungsverordnung über die Zusage einer Umzugskostenvergütung nach dem Landesumzugskostengesetz bei Abordnung von unverheirateten Beamten ohne Hausstand.
Inzwischen bin ich neunundvierzig Jahre jung; statistisch gehöre ich damit zur Bevölkerungsgruppe unter fünfzig. Ich bin angekommen in Deutschland. Von Zeit zu Zeit fahre ich ins Borchardt's, um mit der Berliner Republik Mittag zu essen; ich bestelle immer Menü Nummer eins, darauf erhalten Journalisten einen Rabatt von vier Mark. Wie gesagt, bei mir läuft's.
Aber am Anfang habe ich auch erst mal kleine Brötchen backen müssen: Treppe hoch, Treppe runter, Klinkenputzen a gogo, Anzeigen beschaffen: Mann mit Motorsäge sucht Frau mit Wald. Machen Sie den Fischen eine Freude – mit einer Angel von Pieper! Welcher Elch möchte stundenweise in großem skandinavischem Möbelhaus Kunden begrüßen? Bei Eignung Festanstellung möglich. Dann wurde ich quasi über Nacht ein erfolgreicher Reisejournalist und unternahm Fahrten zu den schönsten Elendsquartieren der Welt. Meine Lieblingsstadt war Valparaiso. Kennen Sie Valparaiso? Valparaiso ist eine wunderschöne Stadt. Unten der Pazifik, der Hafen, die Business-City, und oben am Berg kleben die malerischen Armenviertel. Mein Lieblingsland ist Japan. Japan, Herrschaften, hat mehr zu bieten als nur die Kirschblüten und

den Kilimandscharo! Ich mag die Japaner, ehrlich, ich mag aber auch die Schotten. Rauhe Schale, gewiß, aber unter dem Kilt verbirgt sich ein großes Herz. Und wußten Sie eigentlich, daß Spanien südlich der Pyrenäen am schönsten ist? Spanien wird immer attraktiver; erst vergangene Woche sind dort wieder vier Deutsche ausgeraubt worden.

Neuerdings reise ich weniger, ich berichte lieber über die Arbeit der Polizei. Die Polizei hat es ja wirklich nicht leicht. Tag und Nacht hilft sie bei Einbrüchen, Bankraub, Mord und Totschlag. Bloß gut, daß wenigstens die Jugendkriminalität mit zunehmendem Alter abnimmt!

Dieser Mord in der Schule – schrecklich, nicht wahr?! Vermutlich wurde die Klassenlehrerin von dreiundzwanzig Kindern erwürgt. Und das Schlimmste: Die Leiche konnte nur noch tot geborgen werden.

Im Straßenverkehr sieht es nicht besser aus, vor allem, wenn dann noch der Alkohol hinzukommt. Aber als Journalist hat man keine Wahl – wenn der Redaktionsschluß näher rückt, mußt du eben unter Alkoholeinfluß schreiben:

»Zu tief ins Glas hatte ein Vierunddreißigjähriger geschaut. Der arme Kerl mußte seine Promille-Tour im Dresdener Norden eigens unterbrechen, um sich auf die Straße zu erbrechen. Das war für die gerade vorbeikommende Polizei natürlich ein gefundenes Fressen.«

Solche Sachen.

Wie gesagt, der Journalist ist ein bescheidenes Wesen; das bißchen, was er ißt, das trinkt er, und das bißchen, was er liest, das schreibt er sich selbst.

Dem Marlborot entgegen!

Ins Kaufhaus einzudringen war beschwerlicher, als ich gedacht hatte. Eine Kundenschlange von der historischen Dimension einer sozialistischen Wartegemeinschaft ringelte sich drei-, viermal um den Block, die Kundschaft voller Vorfreude Seit' an Seit' in Sechserreihen. Unter ständigem Ellbogeneinsatz hatte ich mich nach knapp sieben Stunden dem Eingang soweit nähern können, daß ich die Leuchtschrift KAUFHAUS DES OSTENS ohne Fernglas fehlerfrei lesen konnte.

Mein journalistisches Berufsethos verlangt, daß ich bei Recherchen zunächst ein objektives Bild von den Dingen gewinne, über die ich schreiben will. Oder soll. Oder muß. Dieser Grundsatz ist in der Praxis ausgesprochen lästig; kein Wunder, daß meine Kollegen, vor allem die Radebrecher von der Boulevardpresse, im Wettlauf mit der Konkurrenz immer wieder dagegen verstoßen.

Hätte ich gewollt, wäre mir das zeitraubende Schlangestehen natürlich erspart geblieben. Ich hätte nur kurz den Managing Director anrufen müssen, schon hätte er mich mit seinem Hubschrauber einfliegen lassen, über das Empfangskomitee, die Blaskapelle, das Spalier der Ehrenjungfrauen und Cheerleaders hinweg direkt in die Chefetage.

»Geh mal rüber und kuck dir die Bude an«, hatte mein Boss gesagt, »Titel: ›Kost the Ost‹, fuffzig Zeilen, höchstens neunundvierzig!«

Das war herzlich wenig Platz für einen Artikel über ein Thema, das ausnahmslos alle deutschen Zeitungen und

Zeitschriften bereits auf Doppelseiten gewürdigt hatten. Das ist ja auch in Ordnung so; die einschlägige Faustregel lautet: Je mehr und öfter über eine Sache geschrieben worden ist, Kollege, desto mehr kannst du davon abschreiben, desto weniger mußt du eigenhändig erfinden.
Nach acht Stunden Schlangestehen erreichte ich glücklich das Portal des KaDeO und ließ mich verwöhnen von den einschmeichelnden Melodien des Kaufhausfunks. »Dahamals, dahamals«, sang Bärbel Wachholz, »damals war alles so schön ...«
Die Kundschaft sang mit.
Dann ertönte die historische Nationalhymne »Auferstanden aus Ruinen«, und zwar nach wie vor konzertant, also ohne Text.
Die Kundschaft schunkelte mit.
Gleich im Eingangsbereich rechts die Ehrentafel UNSERE BESTEN, voraus das bekannte Porträt des Generalsekretärs auf himmelblauem Hintergrund, links die Losung WIR STEHEN IM SOZIALISTISCHEN WETTBEWERB!
Glühenden Blicks, wie schafsnasige Teilnehmer an einer ostalgischen Massenhypnose, taumelten die Kunden mit begehrlich erigierten Zeigefingern durch den Foodbereich, was sag ich: durchs Foodparadise! Hier war alles, was das Herz begehrte: Tempolinsen, Kuko-Reis und der Ossi-Kaffee Rondo Melange, die Quarkspeise Leckermäulchen und der Zigarillo Sprachlos, Liebesperlen aus Görlitz und Jahrgangs-Apfelmost vom Verarbeitungskombinat der Wirtschaftsvereinigung Obst/Gemüse/Spei-

sekartoffeln, Volkseigener Kombinatsbetrieb Kelterei Lockwitzgrund Dresden ELN-Nr. 17759210, HSL-Nr. 1259210, TGL-Nr. 24049, ZAK-Nr. 765123456, der Camembert Rügener Badejunge und der Camembert Striegisthaler Zwerge, Rostocker Rollmöpse, Halberstädter Würstchen, Burger Knäcke, Bautzner Scharfer, Riesaer Zündhölzer, Florena-Creme und MUX-Fliegenspray.

Sachte, ganz sacht berührte die gerührte Kundschaft mit den Fingerspitzen mal dies, mal jenes. Das alles war doch hoffentlich keine Luftspiegelung! Das war doch hoffentlich kein Zaubertrick von David Copperfield, keine Scherzverpackung von Christo und Jeanne-Claude?!

Nein!

Alles, alles echt.

Ungläubiges Staunen breitete sich aus im KaDeO. Tausendstimmig stiegen die Aaahs und Ooohs und Guggemals zur Kaufhausdecke empor und entluden sich in dem Brunftschrei: Jaaaaaaaaaaaaaaaaaaa, genauso will es das Ossiherz!

Hier war kein Platz für Warsteiner und Krombacher, für Berentzen Appel, für Deinhardt und Mumm, für Müllermilch und Jacobs Krönung, für Rote Grütze von Dr. Oetker und Ruckzuck-Blätterteig von Koopmans; hier hatte Klarofix, das Glasreinigungsmittel aus Ilberstedt, den Favoriten Persil aus dem Felde geschlagen. Herbacin-Kosmetik aus Wutha-Farnroda hatte gesiegt über Nivea, Kriepa-Papiertaschentücher hatten triumphiert über Tempo, Hansa-Keks über Bahlsen Chipsletten, der Goldbrand Goldi über Doornkaat, die Zigarette Cabinet über

Marlboro, Plüschtiere aus Bad Kösen über Barbie und Ken. Nur wer im Kaufhaus-Antiquariat »Werthers Leiden« von J. W. Goethe käuflich erwarb, bekam gratis ein Tütchen Werthers Echte.
Dies war die einzige Ausnahme.
Für Erzeugnisse aus den alten Bundesländern galt hier, was sonst nur für unsere vierbeinigen Freunde gilt: Wir müssen draußen bleiben! Wie eine Kampfansage und Wirtschafts-Kriegserklärung wirkte bei dieser Lage der Dinge das reichhaltige Angebot der Abteilung Befreundete Volkswirtschaften, wo der Kunde nach Herzenslust britisches Rindfleisch kaufen konnte, auch belgische Hähnchen, holländischen Gouda, dänischen Aquavit, Wiener aus Wien, die Schweizer Kräuterbonbons Ricola, Kuba-Rum, Jack Daniels Tennessee Whiskey aus den Staaten, Wodka Gorbatschow und echten Champagner aus der echten Champagne.
In seinem allerheiligsten, geräumigen Direktionszimmer saß hinterm Schreibtisch Herr Kappes, der Managing Director, jedoch nicht, wie ich erwartet hatte, im feinen Zwirn mit Nadelstreifen, sondern in einem T-Shirt mit der Aufschrift »I like Ostprodukte!«
Ich stellte mein Sprechgerät vor ihn auf den Tisch.
Er sprach ein schlechtes Sächsisch; der Dialekt von Duisburg-Walsum schlug immer noch durch, vor allem, wenn die ostalgische Leidenschaft ihn packte. »In unserm Haus«, sagte er unversöhnlich, »heißen die Präservative immer noch Präser, wie es sich gehört, und nicht Kondome, wie im Westen. Unsere Fischabteilung führt keine Heringe und erst recht keinen Lachs, sondern aus-

schließlich Makrele und Grenadierfisch. Wir machen diese ganze westliche Masche einfach nicht mit. Es darf doch wohl nicht wahr sein, daß die Thüringer Bratwurscht und die Dresdner Stollen immer noch aus Bayern kommen, Jahrzehnte nach dem Fall der Mauer. Bei uns jedenfalls kommt die Thüringer Bratwurscht aus – naaa?«
»Aus Thüringen«, rief ich.
»Richtig!«
»Im Eingangsbereich«, sagte ich, »ist mir eine reichlich altmodische Parole aufgefallen, Herr Kappes: WIR STEHEN IM SOZIALISTISCHEN WETTBEWERB!«
»Diese Losung«, erklärte er, »bedeutet schlicht und ergreifend, daß wir im sozialistischen Wettbewerb stehen.«
»Aber ...«, sagte ich.
»Kein Aber!« Er schenkte uns beiden je einen Hennessy ein. »Der sozialistische Wettbewerb war immer schon so was ähnliches wie kapitalistischer Konkurrenzkampf, bloß eben ohne Kapitalismus, ohne Konkurrenz und ohne Kampf.«
Passend zu seinen Ausführungen spielte der Kaufhausfunk das Kampflied »Auf, auf, zum Kampf!«
Er erhob sein Glas. »Seit kurzem führen wir auch Nudossi, Wurzelpeter und den Alleskleber Duosan Rapid.«
»Es war nicht alles schlecht«, sagte ich.
»Es war alles gut!« sagte Herr Kappes.
»Alles?« fragte ich.
»Jawohl, alles!«
Für mich wurde es langsam Zeit, zum Thema zu kommen. »Das Kaufhaus des Westen, Herr Kappes«, sagte

ich, »hat Sie verklagt und Ihnen streng verboten, den Namen Kaufhaus des Ostens zu führen.«
»So ist es«, sagte er, »wir machen uns aber nichts daraus. Wir kämpfen wie die Löwen! Darüber können Sie noch ein paar Dutzend Artikel schreiben. Wir gehen durch alle Instanzen, bis nach Karlsruhe!«
»Das ist für Sie natürlich eine erstklassige Werbung.«
»Es ist gut für beide Häuser.« Er goß einen Schluck Hennessy nach und brachte mit einem entschlossenen Druck auf die Off-Taste mein Aufnahmegerät zum Schweigen. »Ich sagte«, sagte er, »für beide Häuser!«
Dann schwieg er verschwörerisch und zwinkerte mir zu.
»Was ich Ihnen jetzt verrate«, sagte er, »bleibt unter uns! Das ist nicht für die Veröffentlichung bestimmt.« An dieser Stelle begann er heiser zu flüstern. »Das KaDeO, mein Lieber, ist rein zufällig eine hundertprozentige Tochter des KaDeW!«
Wie? Was? Also, das war ja ein Ding!
Das war ja der Hammer!
Wie gern hätte ich darüber eine ätzend scharfe Kolumne für die Weltpresse geschrieben.
Wie schade, daß diese Info nicht für die Veröffentlichung bestimmt war.
In solchen Augenblicken sage ich mir immer: Du darfst jetzt nicht sentimental werden, Junge! Ich setzte meine Marlboro in Brand, hockte mich an den Computer und schrieb einen herzergreifenden Artikel über die Liebe der Ostler zu den Ostprodukten.

Für das Gute! Wider das Böse!

Die Wirklichkeit, behauptet ein berühmter deutscher Vulgärphilosoph, stellt sich häufig ganz anders dar als die Realität. Das ist wahrer, als es klingt. Nehmen wir die Namen unserer Mitbürgerinnen und Mitbürger. Der eine heißt Klein, ist aber zwei Meter groß. Der andere heißt Groß, ist aber noch kleiner als Icke Häßler. Der Dritte heißt Weber, ist aber ein Spinner. Manches ist nicht so, wie es zu sein scheint und das meiste nicht so, wie wir es gerne hätten.

Im Radio höre ich nur noch die Werbung, weiter gar nichts.

Im Fernsehen kucke ich nur noch die Volksmusiksendungen.

Meine Zeitung hab ich abbestellt, und zwar aus gutem Grund.

Das deutsche Volk ist, wie wir wissen, eines der bestinformierten Völker der Welt.

Es erfährt alles.

Was die Zeitung bringt.

Und die Zeitung bringt alles. Lustvoll verbreitet sie jeden Morgen ihre amüsanten Schreckensmeldungen: Killer-Hai holt Surfer vom Brett. Fünfzehn Millionen Deutsche leiden an Krampfadern. Arbeiter stirbt während der Reparatur eines Großwäschetrockners im Zwanzig-Minuten-Trockengang bei fünfunddreißig Grad Celsius. Terroristen morden mit fahrbarer Guillotine. Serbien greift die NATO an / Miloschewitsch bombardiert Berlin. Lebensmüder Erwerbsloser legt sich die Schlinge um den Hals, schlitzt sich nach Einnahme von Zyankali die Pulsadern auf, übergießt sich flächendeckend mit Super bleifrei und erschießt sich, in Flammen aufgehend, mittels Leuchtspurmunition, und die Presse nennt diesen Vorgang bereitwillig Selbstmord, obwohl doch das schöne Wort Suizid entschieden weniger letal klänge, eher humanitär wie Aronal oder Elmex oder ein Mittel gegen Husten und Heiserkeit.

Ja, wo leben wir denn!

Ist unsere Welt denn wirklich so schlecht?

Oder entsteht dieser Eindruck etwa durch unausgewogene Berichterstattung?

Lechzen wir nicht vielmehr nach News wie den folgenden?!

Hildburghausen/Thür. Nach dem Einbruch in einen Kindergarten sicherte die Polizei am Tatort zwei Zettel. Wir sind obdachlos und haben Hunger, stand auf dem ersten; auf dem zweiten Zettel entschuldigten sich die Täter in schöner Schrift und aller Form für ihre Untat. Die Unterschriften waren unleserlich.

Wie oft müssen wir von Spekulantengier lesen, und wie selten lesen wir von Bescheidenheit und maßvoller Zurückhaltung der Immobilienbranche:

Mond bleibt Allgemeingut

Der Mond gehört niemandem und darf bis auf weiteres weder vermakelt noch verkauft werden ...

Das ist eine positive Nachricht von der Art, wie wir sie brauchen, und wir brauchen positive Nachrichten wie die Luft zum Atmen. Keine Gewalt! Liebe deinen Nächsten, aber steck dich nicht an! Küßt die Wessis, wo ihr sie trefft! Nennen wir Korruption doch einfach Politsponsoring!

Unterschlagung und Steuerhinterziehung sind Unregelmäßigkeiten. Bestechlichkeit ist Belohnungsannahme. Soldaten sind keine Mörder, und der Einbrecher ist, positiv gedacht, ein Experte für die Umwidmung von Eigentumsverhältnissen. Und den mäkligen Erwerbslosen sei klar und deutlich gesagt: Wer auf dem Arbeitsmarkt nicht mehr willkommen ist, kann sich im Supermarkt immer noch als Verbraucher nützlich machen, wenn nicht sogar nach Herzenslust austoben, das kommt ganz auf die Intensität des Kaufrauschs an, der sich einstellt.
Allerhöchste Zeit, daß der Gesetzgeber knallharte Empfehlungen beschließt, die es sensationsgeilen Journalisten in Zukunft verunmöglichen, negative Meldungen in die Medien zu plazieren.
Also nicht so: Durch die Mißwirtschaft des Finanzministers ist dem deutschen Volke ein Verlust von zehn Milliarden Mark entstanden.
Sondern so: Dem Finanzminister ist es gelungen, einen Verlust von zehn Milliarden Mark zu erwirtschaften.
Falsch: Alte Leute, die gezwungen sind, nach Einbruch der Dunkelheit noch aus dem Haus zu gehen, scheißen sich vor Angst in die Hose.
Richtig: Wir können davon ausgehen, daß das Sicherheitsbedürfnis der Senioren zunehmend wächst.
Falsch: Von einst vier Millionen Arbeitsplätzen in Ostdeutschland konnten zweikommafünf Millionen vernichtet werden.
Richtig: Von einst vier Millionen Arbeitsplätzen in Ostdeutschland konnten eineinhalb Millionen gesichert werden.

Falsch: Die Deutsche Post verlangt von ihrer Kundschaft mehr Porto als alle anderen Postunternehmen Europas.
Richtig: Die Deutsche Post ist Porto-Europameister. Wir gratulieren.
Falsch: Zur maßlosen Enttäuschung ihrer Fans belegten die deutschen Schwimmer bei den Weltmeisterschaften nur Platz siebzehn.
Richtig: Zur maßlosen Freude ihrer Fans ist bei den Schwimmweltmeisterschaften nicht ein einziger der deutschen Schwimmer ertrunken.
Falsch: Die Wahlbeteiligung sank auf siebenunddreißig Prozent und damit knapp unter den Prozentwert des Nordhäuser Doppelkorns.
Richtig: Die Wahlbeteiligung erreichte fast fünfzig Prozent; die Demokratie ist noch mal mit einem blauen Auge davongekommen!

Talk für Talk

Gestern – heute – morgen

Gestern:
Mein Partner ist ein Schmutzfink

Vera: Susann, du bist seit zwei Jahren Geliebte.
Susann: Ja.
Vera: Der Mann, den du liebst, ist verheiratet.
Susann: Ja.
Vera: Du liebst ihn trotzdem.

Susann: Ja.
Vera: Warum?
Susann: Weil er'n Schmutzfink is.
Vera: Sagtest du, Schmutzfink?
Susann: Ja, Schmutzfink.
Vera: Du liebst ihn, weil er ein Schmutzfink ist?
Susann: Ja.
Vera: Was genau empfindest du bei ihm, was ist das für ein Gefühl?
Susann: Voll toll, einfach kraß! Det is so'n Prickeln, so'n irrer Kitzel, verstehste? Immerhin ist er doch janz wat Besondret, findste nich?
Vera: Doch, ja, allerdings...
Susann: Alle beneiden mich, allein schon wejen seine schwarze Fingerneejel.
Vera: Ah, ja?
Susann: Haste selber schon mal'n Schmutzfink jeliebt, Vera?
Vera: Laß mich überlegen ... Nein, ich glaube nicht.
Susann: Siehste! Der ist janz, janz anders wie alle andern! Sonne richtje Drecksau.
Vera: Ah so? Ah ja? Ich meine, inwiefern? Was macht er, was andere nicht machen?
Susann: Nüscht! Der macht nüscht, jar nüscht. Der wäscht sich nich, der putzt sich nich de Neese, der wischt sich nich'n Arsch ...
Vera: Putzt er sich denn wenigstens die Schuhe?
Susann: Zu Weihnachten manchmal, aba ooch bloß anne Jardine! Und det Schärfste, weeßte, wat det Schärftse is?
Vera: Stop!

Susann: Det Schärfste sind seine ...
Vera: Stop, stop, stop! Über seine Unterhosen sprechen wir gleich! Nach einer kurzen Werbepause sind wir mit seinen Unterhosen wieder für Sie da.

Heute:
Blöde Kinder

Christoph: Ich bin ein notorischer Kinderhasser! Also, ehrlich mal, ich könnte die auf den Mond schießen. Die gehen mir voll auf die Nerven. Vielleicht ist es ja irgendwie okay, daß es die irgendwo gibt, aber bitte nicht grade in meinem Umfeld!
Vera: Vielleicht sind das ja mehr die Eltern, die ihr Kind falsch erziehen ...
Christoph: Genau, blöde Eltern haben blöde Kinder!
Claudia: Na, aber hallo! Solche Typen wie du sind doch schließlich schuld, daß ich mit meinen Kindern nicht mehr ins Lokal essen geh. Leute wie du, die sollten mehr Steuern zahlen und weniger Rente kriegen.
Frank: Mir gehen die Kinder auch gehörig auf den Sack! Die stinken wie die Schweine. Vollgeschissene Windeln, nee, danke.
Christoph: Es müßte kinderbefreite Zonen geben.
Vera: Sollte da der Staat vielleicht härter durchgreifen?
Christoph: Klar! Es muß wieder mehr geprügelt werden, auch im privaten Bereich. Nicht jede Ohrfeige ist von schlechten Eltern.
Frank: Kinder dürfen heutzutage im Supermarkt ja sogar Lebensmittel angrapschen nach Herzenslust.

Christoph: Ehrlich?
Frank: Das erlebe ich jeden Tag! Und ich sage dazu: Dann laßt doch endlich auch die Hunde rein!
Petra: Ich habe einen Hund und bin mit ihm voll glücklich. Der ist super erzogen, aber er wird diskriminiert und darf einfach nicht mit mir zusammen ins Restaurant! Warum eigentlich nicht? Warum dürfen das die Kids? Wieso haben Hunde weniger Rechte als die Kids, kann mir das mal einer sagen?
Christoph: Wenn mich Kinder angreifen, mich besabbern oder betatschen, wird nicht lange gefackelt, dann gibt's eine aufs Maul, aber knallhart!
Frank: Gut so, wir brauchen mehr Zivilcourage!
Vera: Moment! Moment! Kinder sind doch auch Menschen. Oder etwa nicht?
Frank: Kein Kommentar!
Petra: Und Hunde? Was ist mit den Hunden?
Christoph: Na, die erst recht!

Morgen:
Deutsche Frauen – nein, danke!

Gottfried: Deutsche Frauen sind blond, verklemmt und schlampig.
Vera: Alle?
Gottfried: Alle.
Vera: Keine Ausnahmen?
Gottfried: Keine.
Vera: War das schon immer so?
Gottfried: Nee, früher nich. Als es das Mutterkreuz noch

gab, war die deutsche Frau treu und häuslich. Aber inzwischen ist die so was von versaut.
Vera: Siehst du für dich persönlich vielleicht eine Alternative?
Gottfried: Ja, ausländische Frauen.
Vera: Was haben ausländische Frauen, was ich nicht habe?
Gottfried: Die sind einfach besser im Bett!
Vera: Aber vielleicht können sie nicht so gut kochen?
Gottfried: Besser! Die kochen besser. Und die sind nicht so dominant und egoistisch.
Vera: Könntest du uns vielleicht mal ein Beispiel ...
Gottfried: Eins? Tausende! Ich hab im Krankenhaus gelegen und mich gewundert, daß mich keiner besucht. Dann hab ich zu Hause angerufen, meine Stieftochter war dran: Ja, weißt du, meine Mutti, die hat jetzt'n Neuen, der ist viel netter, und deine Sachen, die kannste vom Bahnhof abholen, die sind im Schließfach! Frauen aus Thailand würden so was niemals machen! Nie! Die sind nicht nur jünger, die sind belastbarer, die sind einfach weiblicher.
Vera: Würdest du sagen wollen, daß der deutschen Frau vielleicht ein stückweit das Weibliche fehlt?
Gottfried: Genau! Neunundneunzig Prozent sind Schrott.
Vera: So, meine Damen und Herren, ein ganz dickes Dankeschön und einen herzlichen Applaus für Gottfried! Das war's, was Sie wissen wollten über die deutsche Frau. Nächstes Mal knöpfen wir uns den deutschen Mann vor! Nächstes Mal heißt es bei uns: O bitte, nicht schon wieder! Mein Mann will immer, doch wo ein Willi ist, da ist nicht immer eine Wilhelmine.

Klärung eines Sachverhalts

Es war ein Freitag. Und es war der dreizehnte. Kaum hatte ich mein Auto geparkt, da stoppte mit kreischenden Reifen auch schon ein schmucker grün-weißer Funkwagen. Polizei!

Der Fahrer blieb hinter seinem Lenkrad hocken. Der Beifahrer, ein kleiner Dicker, stieg aus und kam, das Gesicht zur Faust geballt, im Wiegeschritt näher, unaufhaltsam wie das Schicksal. Rhythmisch klirrten die Handschellen. An seiner Rechten baumelte griffbereit die Dienstwumme.

Trotz grüner Mütze, trotz saharagelbem Uniformhemd, trotz der Diensthose im kackbraunen Beigeton und obwohl er doch ein kleiner Dicker war, schaffte er es auf unerklärliche Weise, Gary Cooper zu ähneln, dem einstigen Schwarm aller einstigen Schwiegermütter, dem Hollywoodstar mit den stahlharten Nerven in der Hochspannungsszene zwölf Uhr mittags auf dem Bahnhof im Wilden Westen.

Hei, nun aber, nun wollte er meine Papiere sehen.

Zwar fühlte ich mich frei von Schuld, wußte aber zugleich, daß es genau diese zur Schau getragene Unschuld der Bevölkerung ist, die den deutschen Ordnungshüter immer wieder zu Arschtritten herausfordert, zu Karatehieben und finalen Rettungsschüssen.

Er nutzte die Gelegenheit, sich als Leseratte zu profilieren; halblaut las er mir den Text meines Führerscheins vor. Das ging erstaunlich flüssig, vor allem, wenn man bedenkt, daß er den Führerschein verkehrtrum hielt.

Nachdem er mir so sein intellektuelles Format demonstriert hatte, kam er zur Sache. »Haben Sie«, fragte er, »eigentlich schon mal was davon gehört, daß im Bereich scharfer Kurven das Halten und Parken streng verboten ist?«
Diese Regel war mir bekannt. Stets hatte ich sie respektiert und auch diesmal wieder mein Auto in einer langen Geraden geparkt. Ich versuchte ihm begreiflich zu machen, wie endlos gerade gerade diese Gerade sei, doch er war zum Gegenbeweis fest entschlossen. Mit ruhigfestem Schritt holte er aus dem Funkwagen seinen Feldstecher und reichte ihn mir.
Es war ein leistungsstarkes Glas.
Als ich hindurchguckte, zeichnete sich fern am Horizont tatsächlich die Andeutung einer sanften Links- oder Rechtskurve ab.
»Mit dreißig Mark sind Sie dabei!« sagte er. »Widerspruch ist zwecklos.«
Ich schlug die Hände über dem Kopf zusammen. Das gefiel ihm ganz und gar nicht.
»Ach«, sprach er zuckersüß, »dreißig Mark sind dir zuwenig! Dann stell ich dir schnell noch ‘ne Zusatzfrage, dann wird‘s für dich ein bißchen teurer, Sportsfreund, und für mich lohnt es sich auch.«
Mit extraweit aufgerissenem Rachen, mit bürgernahem Lächeln und gefletschten Zähnen kam er näher und näher: »Wieviel Kaemha«, fragte er, »beträgt die zulässige Höchstgeschwindigkeit für Kaefzet mit Schneeketten? Naaa?«
Sein Atem traf mich mitten im Gesicht.

Ehrlich gesagt, ich mag es nicht, wenn man mir Fragen stellt, die ich nicht beantworten kann.
Ich bin auch nicht begeistert, wenn ich für nichts und wieder nichts dreißig Mark zahlen soll.
Und ich mag es erst recht nicht, wenn mir einer seinen Atem direkt ins Gesicht pustet.
Übrigens auch dann nicht, wenn sein Atem nach Rosen und Narzissen duftet.
Eifrig fummelte er aus seiner Hosentasche den Quittungsblock für die Verwarnungsgelder heraus, und genau in diesem Augenblick hatte ich eine Idee.
»Herr Wachtmeister«, flüsterte ich ihm zu.
»Herr Obermeister«, korrigierte er.
»Herr Obermeister!« flüsterte ich. »Ich hätte da speziell für Sie eine ganz, ganz wichtige Info!«
Seit Gründung des ersten Polizeireviers in der Geschichte der Menschheit nehmen Polizisten, von Bestechungsgeldern abgesehen, nichts lieber entgegen als Informationen der Bevölkerung.
Wieder kam er auf Tuchfühlung heran, und ich empfand es als ein unverhofftes Glück und eine unverdiente Gnade, daß er zu den wenigen Menschen gehörte, die nicht den geringsten Mundgeruch verströmen.
Wie aber würde er meine Nachricht aufnehmen? Würde sie ihn verletzen, ihn seelisch verwunden?
Oder war er tatsächlich, was er zu sein schien, der nervenstarke, knallharte Bulle, der keine größere Freude kennt, als den deutschen Gesetzen Geltung zu verschaffen, um jeden Preis, wenn möglich, mit erlaubten Mitteln, zur Not aber auch mit unerlaubten.

»Komm schon, komm schon«, herrschte er mich an, »worum geht es?«
Wieder brandete mir sein glutheißer, wenngleich ungewöhnlich reiner Atem entgegen.
Mit Daumen und Zeigefinger klemmte ich mir die Nase zu. »Herr Oberwachtmeister«, näselte ich, »Sie haben da aber einen ...« Dann verstummte ich.
»Was hab ich? Na, was? – Komm schon, komm schon! Raus mit der Sprache!«
»Einen, nun ja, einen extrem starken Mundgeruch eben.«
Er zuckte zurück.
Tapfer versuchte er, das Ausatmen zu verzögern.
»Mu-mu-mundgeruch, sagst du, sagten Sie?«
Ich nickte düster.
»Da-das hat mir noch keiner gesagt.«
Ich nickte. »Natürlich nicht. Weil Sie eine Autorität sind, noch dazu mit Pistole. Und weil es bei Ihnen immer gleich dreißig Mark kostet.«
Respektvoll trat er einen Schritt beiseite und richtete es so ein, daß der Wind seine Abluft verwehte. Er war der Verzweiflung nah.
»Mundgeruch«, sagte er kopfschüttelnd, »woher kommt denn so was bloß?«
Ich erklärte ihm, daß Mundgeruch die Folge unangenehmer Fäulnisprozesse im Rachenraum von Polizeibeamten sei.
Voll konzentriert lauschte er. Er hing geradezu an meinen Lippen.
»Bei Zivilisten«, sagte ich, »kann auch Karies die Ursache sein. Die Hohlräume der Zahnruinen füllen sich mit

Speiseresten; grobe Leberwurst, Fischfilet, Döner, Fünfminuten-Terrine, und – schwupp! – schon kommen sie angeschwirrt, die kleinen, flinken Bakterien, und das gast dann und gast und gast und stinkt zum Himmel.«
Sein Gesicht glühte feuerrot vor Scham. Den Mund hielt er hermetisch verschlossen und beschränkte seine Kommentare auf ein Minimum. Verstohlen ließ er den Quittungsblock in die Hosentasche gleiten.
Immerhin, dachte ich bei mir, dreißig Mark haben oder nicht haben...
»Mu-mundgeruch!« Resigniert gab er mir den Führerschein zurück. »Was können wir denn bloß dagegen machen, Herr Doktor?«
»Putzen«, sagte ich, »putzen, putzen, nochmals putzen!«
»Aber ich putze doch regelmäßig, morgens, abends, nach jeder Mahlzeit, nach jeder Zuführung von Extremisten...«
»Dann«, sagte ich, »sieht es böse aus. Dann sind es Magengeschwüre. Ich an Ihrer Stelle würde mir vorsichtshalber keine Langspielplatte mehr kaufen. Ich würde mich zur Operation anmelden, lieber gestern als heute. Allerdings...«
Ich zauderte. »Nun ja, wie soll ich ... Nein, das sollte ich Ihnen wohl lieber doch nicht sagen...«
»Doch, doch, bitte! Sagen Sie es! Die Wahrheit und nichts als die Wahrheit. Bitte!«
Schwer seufzte ich unter der Last der Diagnose.
»Leider«, sagte ich, »verläuft die Operation in der Regel..., ersparen Sie mir die Einzelheiten. Aber das heißt natürlich nicht, daß nicht hin und wieder doch mal einer durchkommt.«

Ausdrucksvoll schlug er das Kreuz, so was lernen sie wohl heute bei der Polizei.
»Kopf hoch«, sagte ich.
Wie einem guten Freund legte er mir die Hand auf die Schulter. Aus seinen Augen kullerten die blanken Tränen. »Erst letzte Woche«, sagte er, »mußte ich meine Mutti begraben.«
Ich schwieg und dachte kurz daran, daß ich grade dreißig Mark gespart hatte.
Zum Abschied reichte er mir wortlos die Hand. Ein stummes Dankeschön für meine offenen Worte.
Dann schlurfte er, ein gebrochener Mann, zum Funkwagen zurück. Melancholisch klirrten bei jedem seiner schweren Schritte die Handschellen.
War ich vielleicht doch zu weit gegangen?
Hätte ich ihm das alles vielleicht doch nicht sagen sollen?
Der Staatsanwalt nannte es wenig später Irreführung der Behörden.
Und hatte recht damit.
Dieser Polizeiobermeister war gewiß ein fleißiger Putzer gewesen; frisch und angenehm duftete er nach einer Zahnpasta mit Pfefferminz; die Marke darf ich nicht nennen, weil es sonst Werbung wäre.
Doch, ja, ich hätte unbedingt schweigen müssen. Ich hätte zahlen müssen. Dreißig Mark sind doch für mich keine Summe, dachte ich gerade.
Da peitschte der Schuß.
Er starb von eigener Hand.
Drei Meter vom Funkwagen entfernt.

Und es ist nur ein schwacher Trost, daß er in Ausübung seines Dienstes fiel.

*

Aus gegebenem Anlaß wiederhole ich darum auch bei dieser Gelegenheit, was ich von den Innenministern der deutschen Länder seit langem fordere: Schließt die Waffengeschäfte! Verhindert den Mißbrauch von Schußwaffen! Und vor allem: Entwaffnet die Polizei!

Der Ausländer – ein Mensch wie jeder andere!

Wenn es stimmt, daß sechs Milliarden Menschen den Erdball bevölkern, haben wir es rein rechnerisch mit einer Übermacht von nicht weniger als fünfmilliardenneunhundertundzwanzigmillionen Ausländern zu tun.
Die meisten bewundern uns und schwärmen vom deutschen Geld. Das ist in Ordnung.
Es gibt aber auch Engländer, die nennen uns Krauts oder Bratwursties. Ausgerechnet der Österreicher nennt den Deutschen Piefke, wenn auch vorsichtshalber hinter vorgehaltener Hand. Der Franzmann bezeichnet uns als Boches, der Holländer als Moffen. Bloß gut, daß wir nicht wissen, was damit gemeint ist, weil Fremdsprachenkenntnis glücklicherweise nicht eben zu unseren Stärken zählt. Sonst müßte der deutsche Verteidigungsminister mit seinen Krisenreaktionskräften vermutlich noch heute zur Vorwärtsverteidigung blasen!
Die Moffen, behaupten holländische Schulbuchautoren,

seien dick, arrogant, aggressiv und meistens besoffen. Deutsche Häuserwände seien massenhaft beschriftet mit der Parole: Neger, raus aus unser Land! Und überhaupt sei es mit der Ausländerfreundlichkeit nicht weit her in Duitsland.
Das sehen wir nicht so.
Das Problem liegt anders!
Sind es nicht in Wirklichkeit wir, die sich Sorgen machen müssen über die zunehmende Ausländerfeindlichkeit? Kein Tag vergeht, ohne daß wir uns fragen: Warum nur betragen sich die Ausländer uns gegenüber so feindselig? Auch wenn die Versuchung groß ist, wir lehnen es ab, alle Ausländer pauschal als dick, arrogant, aggressiv und besoffen zu verunglimpfen. Für die Kameraden in der dritten Welt trifft das ja auch beim besten Willen nicht zu: arrogant – vielleicht, aggressiv – mag sein, besoffen – okay. Aber doch nicht dick!
Pauschalen Anwürfen setzen wir die Einzelfallprüfung entgegen!

§

Erst vor kurzem ist es Ausländern gelungen, einen unbescholtenen Hamburger Hautarzt vor ein unbescholtenes Amtsgericht zu zerren. Wären es wenigstens Holländer gewesen oder Tommies, aber nein. Es waren Leute aus Ländern, von denen ich persönlich angenommen hatte, der Miloschewitsch hätte die schon vor hundert Jahren von der Landkarte radiert: Iran, das muß irgendwo dahinten bei Persien liegen, und Madagaskar, ich glaube, das hieß früher mal Marokko.

Die Frau aus Iran jedenfalls hatte dem Herrn Staatsanwalt erzählt, der Hautarzt hätte sie ... nein, nicht was Sie denken! Er hätte sie beleidigt. »Ausländer raus«, hätte er zu ihr gesagt und sogar »Arschloch«.
Daß jemand so was petzt, darauf wartet der Staatsanwalt ja bloß!
Sie wäre, sagt sie, als Begleitung für ihren Vater mitgegangen, als Dolmetscherin sozusagen, und ihr Vater wäre für Punkt zehn Uhr bestellt gewesen, nachmittags um halb zwei aber – im Gegensatz zu echten Deutschen, die viel später als er gekommen wären – immer noch nicht rangenommen worden. Kurz vor zwei beschwert sie sich bei der Arzthelferin.
Diese Beschwerde schnappt zufällig der Hautarzt auf, der Beschwerden, die ihn selbst betreffen, nicht sonderlich schätzt, kann man sich ja denken. Er greift sich den Krankenschein vom Tresen, hält ihn aber irrtümlich für den Schein der Beschwerdeführerin, und siehe da, das Papier ist ausgestellt vom Sozialamt.

§

Dies, gesteht der Hautarzt dem Richter, hätte ihn maßlos erbittert. Diese Ausländer ohne Arbeit! Die zu ihm kommen dürfen auf Kosten der deutschen Behörden! Die zu behandeln er durchaus bereit sei! Aber! Haben sie denn nicht alle Zeit der Welt?! Können sie denn nicht mal, »wie deutsche Patienten auch«, ein paar Minuten warten? »Ausländer haben sich zu benehmen«, das allerdings habe er gesagt, und dazu stehe er.

Die cholerische Patientenbegleiterin aber hätte eingewandt, sie habe kurz nach zwei einen anderen Termin. Diese Frechheit, so der Hautarzt, habe seine Erbitterung nur noch gesteigert. Dies, habe er sich gedacht, wäre genau der richtige Zeitpunkt für ein paar sachdienliche Hinweise. »Sie!« habe er angemerkt. »Sie sind Asylbewerberin, und Asylbewerber dürfen überhaupt nicht arbeiten. Aber wenn es bei Ihnen so sehr pressiert, bitte! Hier, nehmen Sie Ihren Krankenschein! Und jetzt: Raus!« Das habe er gesagt in der irrtümlichen Annahme, es ginge um sie und nicht um ihren alten Vater.

§

Der Richter hat schon wesentlich dramatischere Geschichten gehört, lauscht aber, wie das Gesetz es befiehlt, mit demonstrativer Aufmerksamkeit der langatmigen Erklärung des Angeklagten. Natürlich hätte er am liebsten ein Nickerchen eingelegt. Wäre er nicht Vorsitzer gewesen, sondern nur Beischläfer, hätte er es womöglich auch gewagt. Nach einem Präzedenzurteil des Bundesverfassungsgerichts verhalten sich beisitzende Richter, die sich während der Verhandlung dem Schlummer hingeben, erst dann rechtswidrig, wenn tiefes und gleichmäßiges Atmen oder Schnarchen zu hören ist.

§

Der Richter ist sehr angetan von den Sprachkenntnissen der Klägerin, die seit zwölf Jahren in Deutschland lebt

und als Informatikerin arbeitet. »Sie sind der deutschen Sprache ganz gut mächtig«, sagt er, »Sie sprechen recht ordentlich, aber nicht perfekt. Vielleicht haben Sie den Doktor mißverstanden. Hat er gesagt: Sie sollen raus gehen! Oder hat er gesagt: Ausländer raus!?«
»Er hat zu mir und meinem Vater gesagt: Ausländer raus!«
Der unbescholtene Hautarzt, dem der Eid des Hippokrates über alles geht, schüttelt traurig den Kopf. Ausländer raus! »So was denke ich nicht mal, Hohes Gericht! Die Hälfte meiner Patienten sind Ausländer, ich habe zu ihnen das beste Verhältnis. Zu mir kommen Albaner und Türken, zwar keine Eskimos, aber meine Praxis ist auf jeden Fall eine ausgesprochene Ausländerpraxis.«

§

Genau so ist es. Als der Hautarzt da im Vorzimmer den Krankenschein schwenkt, springt eine weitere Patientin auf. Sie stammt aus Madagaskar und ist Diplom-Germanistin. »Auch ich bin Ausländerin«, ruft sie, »auch ich fühle mich angegriffen.« Dann verläßt sie mit den beiden aufmüpfigen Iranern die Praxis. Auch sie hat mit eigenen Ohren den Doktor sagen hören: »Ausländer raus!«
Der Richter: »Ich kann Ihnen gar nicht sagen, wie froh ich bin, daß Sie Diplom-Germanistin sind! Meine Frage betrifft sozusagen Ihr Fachgebiet; verstehen Sie, es ist ja ein Unterschied, ob der Doktor gesagt hat, sie, die Klägerin als Person, solle raus oder ob er gesagt hat: Ausländer raus!«

Die Zeugin aus Madagaskar: »Ich verstehe Ihre Frage sehr gut. Der Kripobeamte hat mich auch schon gefragt, ob ich gut deutsch verstehe.«
Der Richter: »Keine Frage, Sie sprechen hervorragend deutsch.«
Der Richter liest vor aus dem Kripo-Protokoll: »Doktor D. rief: Ausländer! Dann wedelte er mit dem Krankenschein und schrie: Raus! Raus! Raus!«
Mahnend erhebt der vorsitzende Richter seinen Kugelschreiber: »Erkennen Sie den Unterschied zwischen dem, was Sie damals erzählten, und dem, was Sie heute gesagt haben?!«

§

Offenbar versteht ein Ausländer, der selbstbewußt von sich annimmt, er verstehe hervorragend deutsch, doch nicht ganz so gut deutsch, wie er annimmt. Der Richter, Deutscher von Geblüt, erkennt einen entscheidenden Unterschied darin, ob der Doktor brüllte: »Ausländer!« und dann, nach kurzer Pause erst: »Raus!« oder ob der Doktor das ebenso beliebte wie geflügelte Wort »Ausländer raus!« tatsächlich in einem Atemzug rausgelassen hat. Es gibt wohl kaum einen einsameren Menschen auf der ganzen Welt als einen Richter bei der Wahrheitsfindung. Vielleicht stimmt ja alles, was die iranische Zeugin sagt, vielleicht aber stimmt es auch nicht.
Die Zweifel sind nur zu berechtigt, zumal die madagassische Zeugin die Vokabel »Arschloch« aus dem Munde des Hautarztes nicht vernommen hat. Vielleicht bringt ja die Aussage des Zeugen B. die ersehnte Klarheit. Auch

Zeuge B., ein junger Mann in kleidsamer Lederjacke, gibt vor, sich durch die patriotischen Äußerungen des Doktors verletzt gefühlt und daraufhin die Praxis verlassen zu haben.
Richter: »Eine wichtige Frage, verstehen Sie mich bitte nicht falsch: Sind Sie deutscher Staatsangehöriger?«
»Ja.«
»Auch Deutscher von Geburt?«
»Mein Vater ist Deutscher, meine Mutter Griechin.«
Richter: »Sagte der Doktor ›Ausländer raus!‹ oder sagte er: ›Ihr seid Ausländer und habt euch zu benehmen, und jetzt raus!‹?«

§

Für den Richter ist die Zeugin aus Madagaskar die Schlüsselfigur. »Sie ist Diplom-Germanistin«, sagt er, »und spricht hervorragend deutsch. Die Möglichkeit, daß sie etwas falsch verstanden hat, ist bei ihr am geringsten.« Auch auf den Staatsanwalt hat die Zeugin einen guten Eindruck gemacht, der Zeuge B. gleichfalls, »der an sich Deutscher ist, wenngleich griechischer Abstammung.« Den bis zu dieser Verhandlung völlig unbescholtenen Hautarzt beschleicht ein ungutes Gefühl, irgendwas bahnt sich an, irgendwas läuft link.
Der Staatsanwalt glaubt der iranischen Zeugin glauben zu sollen, weil »der Ausländer ein Mensch ist wie jeder andere auch«. Die Worte »Ausländer raus!« hält er für eine »Mißachtung der Formalien« und fordert eine Geldstrafe von zwölftausend Mark.
Na, aber hallo!

Der Richter sieht es nicht als erwiesen an, daß Doktor D. »Ausländer raus!« gesagt hat. Und »Arschloch!« schon gar nicht.
Der vom Pech verfolgte Hautarzt aus Hamburg-Wandsbek will gerade erleichtert aufatmen, da brummt ihm der Richter plötzlich und unerwartet doch noch dreitausend Mark Strafe auf.
Zur allgemeinen Überraschung hat der Richter plötzlich ein ganz anderes Delikt entdeckt.
»Sie werden sich vielleicht wundern«, sagt er, »aber ich finde, der Satz ›Ausländer haben sich zu benehmen‹ ist eine Beleidigung, keine schwere, das nicht, eher im unteren Bereich, wenn auch nicht im untersten.«
Genau wie ein Arzt, sagt er, sei auch er als Richter »einem bestimmten Menschenbild« verpflichtet. »Sehen Sie, mir fiele es im Traum nicht ein, mich derartig zu äußern ...«
Um jeder Verwechslung mit dem weisen Salomo vorzubeugen, fügt er hastig hinzu: »Warum, das weiß ich auch nicht.«
Das ist halb so schlimm. Ein deutscher Richter muß nicht alles wissen; manches kann er sich auch denken. Viel wichtiger ist der Präzedenzcharakter des Spruchs! Ein deutsches Gericht stellt fest: Der Ausländer ist ein Mensch wie jeder andere.
Wir sollten uns darauf gefaßt machen, daß uns diese merkwürdige Ansicht in der einen oder anderen Spruchkammer vielleicht noch einmal wiederbegegnen wird.
Vor Gericht und auf hoher See sind wir alle in Gottes Hand.

Die Gretchenfrage

Ich hatte die Glätte des Glatteises unterschätzt, und mein Schutzengel war mit seinen Gedanken wohl auch schon im Winterurlaub gewesen. Ich brach mir ein Bein und fand mich wieder in der chirurgischen Klinik. Die Schwester brachte mir das Aufnahmeformular. Ich setzte mich im Bett auf, klappte den Klapptisch herunter, trug meinen Namen ein, mein Pseudonym, meinen Zweitwohnsitz und noch ein paar Extras aus meiner Intimsphäre. Das ging trotz meines gesundheitlichen Handicaps ganz flüssig bis zur siebten Frage.

Es war die Gretchenfrage. Die Frage nach dem Glaubensbekenntnis.

Legt meine Worte mal nicht auf die Goldwaage, aber die Frage, fand ich, roch penetrant nach Pech und Schwefel und Gesinnungsschnüffelei. Ob in diesem äußerlich unauffälligen Krankenhaus noch immer Stasischnüffler und alte Seilschaften ihren schmutzigen Geschäften nachgingen? Fragen dieser Güte hatte ich erst ein paar Wochen zuvor beantworten müssen bei einem Flug in die Vereinigten Staaten: Steht hinter Ihrer Einreise die Absicht, sich an strafbaren oder unmoralischen Handlungen zu beteiligen? Am liebsten hätte ich mit Ja geantwortet: Ja! Ich habe die Absicht, dem Präsidenten der Vereinigten Staaten von Amerika seine drei knackigsten Praktikantinnen auszuspannen. Vorsichtshalber antwortete ich mit Nein, denn amerikanische Präsidenten haben schon aus geringerem Anlaß ihre Tarnkappenbomber zu Flächenbombardements in Marsch gesetzt.

Gebieterisch fragte das Krankenhaus-Aufnahmeformular, was ich mich selbst noch nie gefragt hatte, was man sich aber durchaus schon mal fragen kann; Fragen kostet ja nichts. Also, was war denn nun? Glaubte ich und wenn ja, wem oder was oder woran?

Jahrelang hatte ich an das Gute im Menschen geglaubt, auch an verschiedene Sieghaftigkeiten. Einst glaubte ich, daß die Brennesseln Brennelsen heißen und die Komponisten Komposisten – woher sonst die Gattungsbezeichnung Komposition?! Nonnen, glaubte ich, wären die Gattinnen der Mönche.

Das war dann schon in der Pubertät, als ich Tag und Nacht grübelte und grübelte und grübelte, aber beim besten Willen nicht rauskriegen konnte, worüber eigentlich. Damals glaubte ich auch an die Mengenlehre; für mich stand fest: Wenn sich in einem Raum drei Personen befinden, und fünf von ihnen verlassen den Raum, dann müssen unbedingt zwei zurückkehren, damit der Raum wieder ganz leer ist.

Damit will ich nur kurz andeuten, daß es Dinge gibt zwischen Himmel und Erde, da biste einfach baff!

Wie eine ernstzunehmende Illustrierte meldet, sendet der unvergessene, umfangreiche Schauspieler Günter Strack seiner Witwe fleißig Signale aus dem Jenseits. »Ich glaube«, sagt Frau Strack, »das er mich bei wichtigen Entscheidungen bestätigt.« Zur Erinnerung nur soviel: Der gute Günter Strack spielte im Fernsehen immer diese humorvollen, trinkfesten Pfarrer, und es kann schon sein, daß er bei dem da oben einen Stein im Brett hat, das heißt, falls es den gibt und der auch gerne mal einen doppelten

Doppelkorn verklappt. Jedenfalls gehen im Hause Strack jeden Abend auf unerklärliche Weise die Lichter an und aus, ohne daß irgendein Irdischer sich mit seinen dreckigen Pfoten an irgendeinem Schalter vergreift und obwohl die moderne Elektrik tipptopp in Ordnung ist. Kommentar des Hausmeisters: »Na, so was, ist etwa der Chef wieder da?«

Mein Bewährungshelfer sagt immer: Wir alle stehen mit beiden Beinen fest in der Luft! Wir suchen das Beständige in der Erscheinungen Flucht, und wenn wir zufällig ein paar gute Geschäfte gemacht haben, glauben wir bereitwillig, daß die Kohle das Größte ist und bei den Top Ten der menschlichen Werte im Ranking ganz weit oben steht. Aber Geld, Freunde, macht nicht glücklich, wenn man nicht außerdem noch ein paar Immobilien, Aktien und Juwelen sein eigen nennt. Richtig ist jedoch auch: Ein Mensch kann mit einundzwanzig Millionen Mark genauso glücklich sein wie mit zwanzig Millionen Mark!

Wenn allerdings eines nicht besonders schönen Tages die geschäftlichen Erfolge ausbleiben, ist Heulen und Zähneklappern angesagt, dann geraten wir willenlos in den Sog einer esoterischen Sinnkrise. Entweder weinen wir dann oder fangen an zu überlegen, ob wir zur Weltesche Yggdrasill beten, uns Wotan zu Ehren an Feuerlauf, Runengesang und Kräuterbeschwörung beteiligen oder bei der Scientologenkirche für den Schnäppchenpreis von vierhundertfünfzig Mark ein Zwölf-Stunden-Intensiv-Auditing belegen sollten.

Zum Glück hat der Aberglaube, seit er sich zur Esoterik

gemausert hat, nicht mehr diesen miesen Ruf wie früher. Auch Triskaidekaphobie, die scheißende Angst vor der Zahl dreizehn, ist uneingeschränkt gesellschaftsfähig geworden, vielleicht sogar schon ein Beweis für vorurteilsloses Denken. Unsere Erde, der blaue Planet, der jedem Astronauten vom Orbit aus als Kugel erscheint, ist für die Zuschauerinnen und Zuschauer daheim an den Bildschirmen nach wie vor eine Scheibe. Und der Mensch, auch der, der immer noch blauäugig an ein altmodisch-unmodernes Vollbeschäftigtenideal glaubt, ist einfach ein Wunderwerk: Kein Zahnrad, keine Nockenwelle, und er bewegt sich doch.

Schwer vorstellbar, ehrlich gesagt, daß ein einzelner Schöpfer ohne die Hilfe eines hochkarätigen Spezialistenteams ein so irres Wunderwerk erschaffen könnte! Dieser Schöpfer müßte schon einen Urknall haben. Durchaus denkbar, daß die Wissenschaft eines Tages nachweisen wird, daß allem Verursachten eine in sich ruhende Erstursache zugrunde liegt, und mich sollte es nicht wundern, wenn ausgerechnet gottesfürchtige deutsche Dichter und Denker herausfinden, daß jenes höhere Wesen, das wir verehren, der Täter war.

Wir könnten ihn natürlich auch selber fragen. Rufe mich an in der Not, sagt der HERR. Am vorteilhaftesten wäre es von Jerusalem aus; denn in Jerusalem ist jedes Gespräch mit Gott ein Ortsgespräch. Die Frage ist bloß: Hat jemand seine Händynummer? Wenn nein, müßten wir eben faxen. Im Heiligen Land ermöglicht die Telefongesellschaft Bezek Gläubigen zu erschwinglichen Gebühren den ungehinderten Faxverkehr mit dem HERRN.

Freundlich lächelnd betrat die Schwester mein Krankenzimmer, um das ausgefüllte Formular einzusammeln. Sie bemerkte mein gottloses Fragezeichen hinter der Frage nach meinem Glauben und bekam sofort den traurigen Blick. In sanften Worten erzählte sie mir eine schöne Geschichte, die sich kürzlich im Saarland zugetragen hatte. Drei jungen Frauen aus Marpingen sei die Muttergottes erschienen. Seitdem pilgerten fromme Menschen zu Tausenden dorthin, auch sie selbst, sagte sie, trage sich mit dem Gedanken, nach Marpingen zu wallfahrten. Der Bürgermeister übrigens habe schon bei der Regierung den Antrag gestellt, Marpingen unbürokratisch als deutsches Lourdes anzuerkennen.
»Gute Reise«, sagte ich, und sie mißdeutete meine Worte offenbar als Ironie.
Sie piekte ihren Zeigefinger auf das Formular und fragte streng: »Glauben Sie wirklich nicht an Gott.«
»Nö«, sagte ich und zeigte lässig auf mein Gipsbein, »Gott glaubt ja auch nicht an mich.«

Heimat

Alle naselang werde ich gefragt: Was hast denn du eigentlich für ein Auto?
Ein grünes, sage ich.
Dann kucken sie dumm.
Denn von der Farbe will ja, genau genommen, keiner was hören.
Alle wollen bloß wissen, welche Marke. Und ich soll aus

voller Brust den heiligen, möglichst deutschen, Markennamen hinausposaunen in die Welt.
Dazu wäre ich auch durchaus bereit.
Allerdings nicht für naß, nicht im Ehrenamt sozusagen.
Aber für Geld, warum nicht.
Wenn es wie Werbung bezahlt würde, gern.
Im Ausland werde ich oft gefragt: Woher kommst du?
Aus dem Land der ältesten Abiturienten und jüngsten Rentner der Welt, raune ich.
Ah, Deutschland, heißt es dann: Verona Feldbusch, Henry Maske, Schumi, Adolf Hitler.
Die nächste Frage lautet: Wie ist es da so, bei euch in Deutschland?
Darauf fällt mir die Antwort nicht schwer. In England, sage ich, ist alles erlaubt, was nicht ausdrücklich verboten ist, in Deutschland ist alles verboten, was nicht ausdrücklich erlaubt ist, und in Frankreich ist alles erlaubt, vor allem, wenn es verboten ist.
In Paris kannst du lange suchen, Freund, du wirst kein einziges Auto finden, das mit staatsnahen Parolen beschriftet wäre, etwa mit dem Treueschwur: Ich fahre nach der Straßenverkehrsordnung. In Berlin habe ich neulich gleich zwei haargenau so dekorierte Autos gesehen, beide mit Potsdamer Kennzeichen, und natürlich hockte in jedem ein Herr mit Hut hinterm Lenkrad.
Für die Teilnahme am öffentlichen Nahverkehr gelten ähnlich strenge Regeln. Schwarzfahren, bei anderen Völkern ein beliebtes Kavaliersdelikt, nennt der deutsche Verkehrsrichter Fahrgeldhinterziehung, in schweren Fällen Beförderungserschleichung.

Der deutsche Fußgänger tut sich gleichfalls durch Verantwortungsbewußtsein und Verkehrsdisziplin hervor. Sobald er eine Ampel erspäht, stellt er sich an und wartet, bis sie grün wird. Er wartet auch, wenn die Ampel gar nicht eingeschaltet ist. Er wartet sogar, wenn gar keine Ampel vorhanden ist.

Mit anderen Worten: Er wartet lange.

Das kann er sich leisten; denn in Friedenszeiten wird der Deutsche sehr, sehr alt.

Und dafür hat er einen plausiblen Grund.

Grundlos zu altern käme ihm gar nicht in den Sinn.

Der Deutsche und seine Frau wollen steinalt werden, und zwar nicht irgendwo weltentrückt auf einer einsamen Parkbank, sondern unmittelbar vor dem Fernseher, um im neuen Jahrtausend irgendwann vielleicht doch noch irgendwann das Ende der »Lindenstraße« mitzuerleben.

Der deutsche Intellektuelle ist ein Sonderfall.

Auch er sitzt, sein Pfeifchen schmauchend, vor dem Fernseher, kuckt aber gar nicht hin. Er hört sich bloß das Grundrauschen an und ist mit seinen Gedanken bei Faust und sonstigen deutschen Klassikern. Von Gretchen läßt er sich die Fünfminutenterrine heiß machen und führt währenddessen mit der schönen Helena Gespräche über Goethe. Soviel über sein Verhältnis zu Frauen.

Immer wieder werde ich auch gefragt: Und wie sieht es aus mit der Liebe?

Nun, in der Liebe macht uns weltweit keiner was vor. Der Deutsche liebt die Tiere, und zwar nicht nur den deutschen Schäferhund, sondern auch den süßen kleinen Yorkie.

Die Welt schaut ständig gespannt auf Deutschland, weil hier von Zeit zu Zeit anregend bizarre Entscheidungen fallen.
Obwohl jährlich vierhundert Passivraucher an Lungenkrebs sterben, kommt es immer wieder vor, daß der deutsche Gesundheitsminister gemeinsam mit den Kettenrauchern des Bundestages das Nichtraucherschutzgesetz zu Fall bringt.
Die deutschen Grünen mögen es nicht, wenn saurer Regen auf Nordrhein-Westfalen fällt, drücken jedoch zuvorkommend ein, zwei Augen zu, wenn Bomben fallen auf Schurkenstaaten.
Die Streitkräfte veranstalten für Ihre Rekruten öffentliche Gelöbnisse in der Abgeschiedenheit der Kasernenhöfe. Sinn oder Nichtsinn, das ist nicht die Frage.
Auf jüdischen Friedhöfen nehmen Unbekannte im Schutze der Dunkelheit kostenlos und unvergolten Rüttelproben an Grabsteinen vor, um der Welt zu zeigen, daß deutscher Antisemitismus zur Not auch ohne Juden funktioniert.
Wer meint, derartige Events verurteilen zu müssen, verrät damit nur, daß er keinen Spaß versteht. Zur Strafe wird er von deutschen Philosophen zwangsverwickelt in heiße Diskussionen über das Thema: Haben die Deutschen Humor?
So sehr der Deutsche seine Heimat liebt, so sehr zieht es ihn hinaus in die große, weite Welt, wo all die Ausländer wohnen.
Wir sind der amtierende Reiseweltmeister!
Wir haben die Qual der Wahl zwischen dreihundert Län-

dern auf vierhundert Kontinenten und reisen deshalb jedes Jahr nach Mallorca.
Mallorca ist die Insel der tausend Reisemängel: Die Nacht ist zu dunkel, der Tag ist zu hell, der Kaffee zu heiß, der Champagner zu kalt.
Genau darin besteht für uns der unwiderstehliche Zauber des Südens. Sonne, Strand und blaues Meer, Hula, Tango und Flamenco spielen keine Rolle!
Wir Deutschen reisen ja nicht zu unserem Vergnügen.
Wir reisen, um weltweit nach dem Rechten zu sehen.

Neues aus den neuen Ländern

Die Sprecherinnen und Sprecher der Tagesthemen gehören in Sachsen zur Familie. Wenn Mister Tagesschau ausnahmsweise kurz in den Teleprompter lächelt, lächelt der Herr Hummitzsch aus Lommatzsch bereitwillig zurück. Neulich faßte er sich ein Herz und sandte Herrn Wickert ein inhaltschweres Fax:
Werter Herr Wickert,
gestern abend in den Tagesthemen habe ich ganz genau gesehen, daß Sie ganz genau gesehen haben, daß wir unsere Wohnung vorgerichtet haben. Wir hoffen, die Tapeten sagen Ihnen zu. Morgen wollen wir nach IKEA hin. Und nun unsere kurze Frage mit der Bitte um eine kurze Antwort: Welche Farbe tät'n d'n Sie d'n uns empfehlen für die neue Sitzgruppe?

*

In den neuen Ländern ist die Stimmung schlechter als die Lage, darum soll die Stimmung genauer erforscht werden. Aus sechzehn Millionen Kandidaten wählt der Computer eine achtzigjährige Frau aus. Sie wohnt in einem winzigen vorpommerschen Dorf, und der Staatsschutz observiert sie Tag und Nacht. Der Osten ist bekannt als Hort des Atheismus, sie aber wird auffällig durch den Umstand, daß sie täglich in die Kirche geht. Auf Knien nähert sie sich demütig dem Altar und küßt unserem am Kreuz hängenden Herrn Jesus inbrünstig die Füße.
»Moment mal, junge Frau«, sagt der diensthabende Staatsschützer, »warum eigentlich küssen Sie Jesus Christus jeden Tag die Füße?«
»Lieber Herr, unser Herr Jesus hat soviel Gutes für uns getan, da kann ich einfach nicht anders – ich muß ihm die Füße küssen!«
»Der Bundeskanzler tut auch viel Gutes, besonders für Sie hier in den neuen Ländern! Würden Sie dem Herrn Bundeskanzler denn auch die Füße küssen?«
»Ach, doch , warum nicht ... Aber natürlich erst, wenn er am Kreuz hängt!«

*

Der Franki aus Dessau ist eingezogen worden zum Bund. Als er in der Kaserne eintrifft, schreibt er sofort einen Brief nach Hause:
Liebe Mutti, mir geht es prima. Das Essen ist gut und reichlich. Ich habe eine schicke Uniform, und auf meiner Stube sind wir zwei Ostler und drei Westler. Herzliche Grüße!
Dein Franki

Die Mutter antwortet postwendend:Mein lieber Junge, es freut mich, daß es Dir gut geht. Auch bin ich mächtig stolz auf Dich, weil Du in der kurzen Zeit schon drei Gefangene gemacht hast!
Deine liebe Mutter

Deutsche Gründlichkeit

Ich betrat die Bank und mußte gar nicht lange warten, bis ich an die Reihe kam. Diskret überreichte ich dem Kassierer meinen Zettel und die Plastetüte mit der Aufschrift NICHT OFT, ABER IMMER ÖFTER!
Der Kassierer setzte die Brille auf und las so laut und so deutlich, daß Personal und Kundschaft jedes einzelne Wort verstanden: »Meine sehr verehrten Damen und Herren, dies ist ein Überfall! Mit freundlichen Grüßen ...«
»Dieses Schreiben«, sagte der Kassierer, »genügt nicht der Form. Aus diesem Grund kann ich Ihrem Wunsche leider nicht entsprechen.«
»Genügt nicht der Form?« hakte ich nach. »Was soll das heißen?«
»Nichts Schlimmes«, sagte der Kassierer, »Sie haben nur vergessen, zu unterschreiben.«
»Pardon«, sagte ich, »soll nicht wieder vorkommen.«
Zusammen mit einem Stift schob er den Zettel unter der Scheibe durch. »Ich tue nur meine Pflicht«, sagte er.
Ich unterschrieb und schob den Zettel retour. Der Kassierer versenkte ihn in der Ablage. Dann sah er mich voller Erwartung an.

»Was denn jetzt noch?« sagte ich.
»Ich bin angewiesen, in solchen Fällen eine naheliegende Frage zu stellen...«
»Fragen Sie!«
»Haben Sie«, fragte er, »denn überhaupt eine Waffe dabei?«
»Selbstverständlich«, sagte ich und zog meine Smith & Wesson aus dem Holster.«
»Darf ich mal sehen?«
»Bitte«, sagte ich und drückte ihm die Kanone in die Hand.
»Wir müssen«, erklärte er, »die Waffen neuerdings genauestens überprüfen. Das ist auch dringend nötig, neulich war einer mit einer popligen Wasserpistole hier, stellen Sie sich das bloß mal vor!«
Mein Revolver schien ihn zu beeindrucken. »Ein schönes Stück haben Sie da, mein Freund, aber, wenn ich fragen darf, ist er denn überhaupt geladen?«
»Bitte, überzeugen Sie sich! Schießen Sie doch spaßeshalber einfach mal in die Decke!«
»So ernst war es nicht gemeint«, sagte er lachend, gab mir die Waffe zurück und griff nach meiner Plastetüte. »Wie hätten Sie's denn gern?«
»Gemischt«, sagte ich, »in möglichst großen Scheinen.«
Zügig tütete er die Kohle ein. Ich wollte mich gerade mit meiner Beute aus dem Staub machen, da verlegte mir einer den Weg. Der Filialleiter höchstpersönlich! Ich griff nach dem Revolver, ließ ihn aber stecken, als er freundlich sagte: »Dürfte ich ein Foto von Ihnen schießen? Vielleicht mit unserem Kassierer Herrn Lerchenmüller zusammen?«

Ein Vorschlag, so überraschend, daß er mich sprachlos machte.
»Sie sind der zwanzigste Bankräuber, der uns in diesem Jahr die Ehre gibt.«
Er plazierte mich vor dem Schalter. Mit der Kanone mußte ich den Herrn Lerchenmüller dekorativ bedrohen. Der fühlte sich offenbar geschmeichelt und brachte das Foto-Shooting professionell wie ein Model hinter sich. Auch ich quälte mir ein Lächeln ab und sagte: »So. Das soll's dann gewesen sein.«
»Wohin so eilig?« sagte der Filialleiter.
»Ich hab noch einen weiteren Termin«, sagte ich, »bei der Commerzbank.«
»Die«, rief er ausgelassen, »wollte ich Ihnen gerade empfehlen.« Zum Abschied ließ er noch einen Schluck Champagner servieren. Ich trank ihn ex und entschuldigte mich.
»Viel Erfolg«, sagte er, »und beehren Sie uns bald wieder!«
Das konnte ich guten Gewissens versprechen.
»Und wenn Sie das Geld anlegen möchten«, rief er mir hinterher, »unser Kundenberater steht ihn Ihnen jederzeit zur Verfügung ...«

Ein Arbeitgeber zum Verlieben

Wir zwei beiden waren gleich ein Herz und eine Seele. Ohne Umschweife kam er zur Sache. »Ihre Zeugnisse«, sagte er, »sind okay. Geburtsurkunde, Facharbeiterbrief, Führerschein, Führungszeugnis, Kopie der Stasiakte –

alles, wie es sein soll, Gesundheit spitzenmäßig. Da wäre allerdings doch noch eine Kleinigkeit, über die Sie mich aufklären sollten: Sind Sie zu diesem Bewerbungsgespräch mit Ihrem Auto angereist?«
»Ja.«
»Aber Sie rechnen doch hoffentlich nicht damit, daß ich Ihnen die Fahrtkosten erstatte?«
»Nee, Chef«, lachte ich, »das ist ganz allein meine Sache, die Reisekosten sind nicht verhandelbar.«
»In Ordnung. Und jeden Tag fünfhundert Kilometer Anfahrt zur Arbeit wären Ihnen vielleicht nicht doch ein bißchen zu weit?«
»Fünfhundert Kilometer!? – Na, hörnse mal. Das ist doch für mich bloß eine Kurzstrecke, dafür lohnt es sich eigentlich noch gar nicht, das Auto aus der Garage zu holen.«
»Welchen Wagen, wenn ich fragen darf, fahren Sie zur Zeit?«
»Trabant Turbo, Chef.«
»Kucke einer an, diese verkappten Millionäre! – Und was«, fragte er, »halten Sie von Überstunden?«
»Find ich klasse.«
»Und wie gefällt Ihnen Sonntagsarbeit?«
»Find ich total geil, Chef! Wußten Sie, daß ich Workaholic bin? Früher war ich sogar Held der Arbeit!«
»Und was ist mit der Lohnfortzahlung im Krankheitsfall?«
»Da hab ich eine ziemlich extreme Meinung, Chef: Ich finde, Krankheit ist bloß 'ne schlechte Angewohnheit.«
»Und was ist mit Urlaub?«
»Urlaub ist eine noch schlechtere Angewohnheit. Ich

weiß gar nicht mehr, wie Urlaub überhaupt gemacht wird.«
»Und was ist mit Weihnachtsgeld?«
Ich drohte ihm mit dem Finger und sagte kopfschüttelnd: »Sie haben eine Frau, Chef, mindestens eine.«
Er nickte.
»Sie haben Kinder ...«
Er nickte.
»... und ich möchte wetten, die deutsche Weihnacht ist in Ihrer Familie eine wunderschöne, ebenso kostbare wie kostspielige Tradition. Leise, leise fallen weiße Flocken, alles schläft, einsam wacht ... Die Bescherung unterm Lichterbaum ist für Sie ja nicht direkt kostenlos.«
Er nickte.
»Sehnse! Unter diesen Bedingungen verzichte ich zu Ihren Gunsten gern auf mein Weihnachtsgeld.«
»Danke!« sagte er.
»Und auf mein Dezembergehalt!«
»Danke schön.«
»Auf ausnahmslos alle Lohnnebenkosten!«
Er schämte sich seiner Tränen nicht.
Als ich ihn so wehrlos vor mir sah, ging ich aufs Ganze. Nun war mir alles egal. Mit nobler Geste entnahm ich meiner Brieftasche den einzigen Tausendmarkschein, den ich je besessen hatte.
»Ich bitte Sie herzlich, eine Kleinigkeit von mir anzunehmen, ausnahmsweise.«
Prüfend hielt er den Tausendmarkschein gegen das Licht.
»Man kann«, sprach er, »nicht vorsichtig genug sein!«
Er drehte den Schein hin und her, musterte Wasserzei-

chen und Kinegramm und rief: »Echt! Der ist ja echt, Mann!«
Bescheiden senkte ich den Blick.
»Sie gefallen mir«, sagte er. »Ein paar mehr Arbeitnehmer wie Sie, und der Standort Deutschland wäre gerettet.«

II

Bekenntnis

Ich schreibe nicht für die Nachwelt.
Ich schreibe erst recht nicht für die Mitwelt.
Ich bin der einzige Schreiber, der sich an die vielen Menschen wendet, die vor uns waren.

Junge Talente

Kleine Kinder – kleine Sorgen, große Kinder – maximale Sorgen. Wer wünschte sich nicht aus tiefstem Herzensgrund, daß seine Kinder es einmal weit bringen im Leben. Erstaunlicherweise geht dieser Wunsch ziemlich oft in Erfüllung, vorausgesetzt, man gibt sich damit zufrieden, daß aus der Tochter eine berühmte Sexy Queen wird oder auch nur – oder immerhin – Miß Mecklenburg-Vorpommern und aus dem Sohn ein international gefragter Pornodarsteller.

Meine Frau Elfie hatte insgeheim gehofft, daß unser Patrick mit Glanz und Gloria aufsteigt zum Vertreter, aber natürlich nicht zum Staubsaugerrepräsentanten! Sie sah ihren Sohn schon als Volksvertreter im Scheinwerferlicht eines deutschen Parlaments, auf den Lippen Zungenbrecher wie Bruttoinlandsprodukt, politische Willensbildung und Subsidiarität.

Ich fand den Posten auch nicht schlecht; denn von allen Vertretern sind mir Volksvertreter die liebsten, weil sie sich auf Haustürgeschäfte gar nicht erst einlassen. Wenn da nur nicht die Unwägbarkeiten wären, die der demokratische Wahlkampf mit sich bringt: Ein einziges falsches Wort in der Fraktion, und man findet sich in der Landesliste ganz unten wieder auf Platz neunhundertneunundneunzig.

Mir schwebte für ihn eher eine Beamtenkarriere vor. Im Gegensatz zum kleinen Angestellten empfängt der Beamte sein Gehalt nicht erst am Monatsende, sondern bereits am Monatsanfang, lange vor getaner Arbeit. Schon bloße körperliche Anwesenheit im Amt gilt als selbstloser Dienst am Volke, und alle zwei Jahre erhöht sich gleichsam automatisch die Besoldungsstufe, ganz egal, ob der Beamte einen Finger gerührt hat oder zwei.

Doch Elfie hatte starke Bedenken.

Unser Patrick, sagte sie, sei wahrscheinlich »unzureichend strukturiert« für einen »so knochenharten Job«. Der Beamte steht, wenn er nicht gerade sitzt, lebenslang im Kampf um den noch größeren Schreibtisch, um den noch voluminöseren Chefsessel, um den Teppich mit noch extremerer Florhöhe, stets begierig, eine noch höhere Stufe seiner Inkompetenz zu erklimmen und sich zu schmücken mit Titeln wie Leitender Landeshauptdezernent oder Ministerialdirigent. Da ist es schon nicht verkehrt, wenn der Kandidat eine Anlage zum Charakterschwein mitbringt und den rektalen Zugang zum Boss nicht scheut.

Wir hätten uns diese weit in die Zukunft reichenden, tiefgehenden Gedanken aber gar nicht machen müssen; Patrick lebt, seit er als Firmengründer in der Großstadt mit seiner Ticketeria gescheitert ist, als Aussteiger auf einem Biobauernhof und hütet ungarische Mangalitza-Schweine in deutschen Eichenhainen.

Als wir es erfuhren, heulte Elfie sich ein paar Tage lang aus, doch mit humoristischen Mitteln schaffte ich es, ihre Tränen zu trocknen. Auch bei der Berufswahl, argumentierte ich, gehe streng nach Murphys Gesetz alles schief, was nur schiefgehen könne. »Der eine will unbedingt Geigerzähler werden beim Gewandhausorchester, wird aber bloß Anrufbeantworter bei der Telekom. Der nächste wäre gern Tortenheber bei Kaiser's Kaffee, wird aber bloß Wagenheber bei Mercedes-Benz oder Handtuchhalter im Hilton-Hotel. Der Dritte möchte für sein Leben gern Korkenzieher sein bei Harald Juhnke, wo aber landet er? Als Federhalter bei Günter Grass!

Unsere Tochter Swaantje hatte zwar in der Schule immer gut aufgepaßt, alle elterlichen Warnungen und Empfehlungen aber schlug sie leichtfertig in den Wind und entschied sich für ein Studium der digitalen Soziorabulistik. Und als ein deutsches Nachrichtenmagazin enthüllte, fünfundachtzig Prozent aller Psychologen in Deutschland seien arbeitslos, sie seien geradezu die Crème der deutschen Arbeitslosen, wechselte sie solidarisch zur Psychologie.

Dieser fatale Hang zur brotlosen Kunst machte sie ungeheuer attraktiv in der bunten Welt der brotlosen Künstler. Zunächst brachte sie den Sigurd an, einen höchst originellen jungen Dichter. »Ich bin der Sigurd«, sagte er, »aber ihr könnt mich ruhig duzen.«

Verduzt kuckten wir uns gegenseitig an, bis unsere Swaantje uns darüber aufklärte, daß es sich um ein raffiniertes künstlerisches Wortspiel handele. Sigurd, sagte sie stolz, sei ein Pop-Literat aus dem Underground, seine künstlerische Heimat sei die Subkultur, er sei Vertreter des subjektlosen Ästhetik und habe soeben ein Buch vollendet, das so irre unangepaßt und subversiv sei, daß kein deutscher Verleger es wage, diesen literarischen Molotow-Cocktail herauszugeben.

»Es handelt«, sagte sie, »von einem ungleichen Zwillingspaar: Dominic ist gesund, Thomas dagegen ist schizophren und hackt sich auf dem Marktplatz von Jüterbog in aller Öffentlichkeit die linke Hand ab, um auf diese ganz persönliche Weise seinen Abscheu gegen den Krieg nonverbal zu artikulieren.«

Wir versuchten, uns an den Sigurd zu gewöhnen. Das ging natürlich nicht von heute auf morgen, und bevor es uns gelang, war die Liebe schon wieder erkaltet. Der Sigurd hatte keine Zeit mehr. Für ihn, sagte er, sei es allerhöchste Eisenbahn, seine Memoiren zu schreiben. Zum Abschied versprach er uns, daß darin auch für uns beide zwei Rollen reserviert wären.

Damit war der Weg frei für Richie und Friedo.

Richie präsentierte sich als dezent krawattierter junger Mann von angenehmen Umgangsformen. Friedo war ein unrasierter, relativ junger Wilder von knapp über vierzig.

Wochenlang wußten wir nicht recht, wem von beiden das Herz unserer Swaantje gehören mochte, schlossen aber vorsorglich nicht aus, daß es im neuen Jahrtausend bei jungen Frauen voll toll geworden sein könnte, Zuneigung auf zwei, drei junge Herren gerecht zu verteilen, halbiert oder gedrittelt, je nachdem.

Friedo war ein kompromißloser Theatermacher. »Er strebt kompromißlos über Castorf hinaus!« schwärmte unsere Swaantje.

Richie verstand sich mehr als Projektkünstler und hatte zum Tag des Mauerfalls in der Westberliner Joachim-Gauck-Oberschule ein vielbeachtetes Wende-Revival realisiert.

»Stellen Sie sich eine Mauer aus Umzugskartons vor«,

sagte er. »Sie ist zwei Meter hoch, einen halben Meter breit und zieht sich quer über den Schulhof.« Mit Mützen der Nationalen Volksarmee bekleidete und Holzgewehren bewaffnete kleine Grenzsoldaten sorgten für den zuverlässigen Schutz dieser Nachbildung des antifaschistischen Schutzwalls. Um von der freiheitlich-demokratischen Seite in den totalitären zu gelangen, mußten die Schülerinnen und Schüler, die eine Hand in der Hosentasche zur Faust geballt, mit der anderen zähneknirschend den Schülerausweis vorzeigend, einen nachgestalteten Grenzübergang passieren. Schließlich hängte Richie dem Schulvolk grüne Schärpen um und ließ es mit dem Rufe »Keine Gewalt!« die Mauer aus Umzugskartons niederreißen.

»Dafür hat es einen ganz netten Batzen Förderkohle gegeben«, sagte Richie, mehr als das Geld aber bedeute ihm, daß die Presse das Event so erstaunlich positiv besprochen habe.

Friedo verzog bei diesen Selbstgefälligkeiten schmerzlich das Gesicht, Laienspiel war seine Sache nicht. Er hatte einen anspruchsvollen Lessing adaptiert, aktualisiert und inszeniert, und zwar »Emilia Sarotti«, übrigens auf Anregung einer namhaften Schokofirma.

»Das ist ganz spannend«, sagte er, vorher aber müßten wir unbedingt in eine Vorstellung seiner allerneuesten Produktion »Furzen & Ficken« kommen. »Zwei Ehrenkarten sind schon zurückgelegt!«

»Oh, das wird euch gefallen«, sagte unsere Swaantje.

In diesem Augenblick hatten wir stark den Eindruck, daß ihr Herz wohl doch mehr zu Friedo tendiere. Das Stück, schwärmte sie, sei kein Stück im herkömmlichen Sinne, es sei mehr ein disharmonisches Ineinanderfließen von Realität und Traum, ein psychedelisches Auflösen der eigenen Identität und darüber hinaus ein Hohelied der Konsumverweigerung, gesponsert vom Kaufhaus World of Sex.

»Genaugenommen«, sagte Friedo bescheiden, »ist es nicht mehr, aber auch nicht weniger als eine handfeste Variation der Schmalz- und Schleimästhetik von Peter Jackson mit einer Prise Folter, mit anderen Worten, die gute, alte Schule des gemütlichen Ekelns, aufgerüscht mit ein bißchen Blut-und-Gedärme-Glamour, also pseudo-ratloser bekenntnishaft affirmativer Kulturpessimismus.«

So was interessierte mich schon lange.

Auch Elfie betrug sich ganz tapfer.

Das Stück spielte in einem Striplokal und drehte sich um ein halbes Dutzend Menschen, die ein Wahnsinniger, gespielt von unserm Friedo, in seine Gewalt bringt. Erst plündert er die Kasse, dann erschießt er den Barkeeper, und dann nimmt er die diensthabende Stripperin und alle Gäste als Geiseln. Zwei Stunden lang werden sie direkt an der Rampe nach allen Regeln der Kunst gequält und gedemütigt. Eine zufällig des Wegs kommende lesbische Leichenbalsamiererin zwingt er, den Kopf des ermordeten Barkeepers mit einem knarzenden Fuchsschwanz vom Rumpf abzutrennen. Die Klofrau erledigt er mit dem Bolzenschußgerät und spült sie lachend in den Hades der Kanalisation. Alle Darsteller glitschen lustvoll herum in glischigen Blutlachen und schleimigem Gekröse. Aku-

stisch gekrönt wird die Darbietung von elektronisch verstärkten atonalen Dickdarmgeräuschen.
Elfie war beeindruckt, und zwar so stark, daß sie rausschlich, beide Hände fest auf den Mund gepreßt. Sie kam aber, als sie sich ein wenig erholt hatte, aus Höflichkeit wieder rein.
»Na«, sagte Swaantje, »wie wars?«
»Oh!« machte Elfie.
Ich räusperte mich ausführlich.
»Mark hat es auch nicht gefallen«, sagte Swaantje verliebt und stellte uns Mark vor.
»Mark ist Engländer«, sagte sie.
»Hello!« sagte Mark.
»Mir gefällt es übrigens auch nicht mehr«, sagte sie. »So eine gequirlte Scheiße würdest du niemals machen, nicht wahr, Mark?«
»Never!« bekräftigte Mark.
»Mark dreht nämlich grade einen Film, nicht wahr, Mark?«
Der Film heißt »Das nackte Grauen«, und Mark erzählte uns schon mal kurz den Plot: Einem bisexuellen Tankwart wird eine fleischig-vaginale Gummiplastik in den zarten Pastellfarben der Verwesung über eine künstliche Körperöffnung, den sogenannten Bioport, direkt ins Rückenmark eingestöpselt ...
Mehr soll an dieser Stelle noch nicht verraten werden, mehr wissen wir auch noch gar nicht, sogar Mark selbst weiß noch nicht mehr.
Aber wir sind alle schon sehr gespannt.

Hurra, wir kriegen Telefon!

Es fing alles ganz harmlos an. Mein alter Freund Leo kam überraschend zu Besuch. Vor Jahren waren wir als blaue Matrosen bei der Weißen Flotte gefahren, und schon damals hatte mich gewaltig genervt, daß ihn immer bloß das interessierte, was ihn gar nichts anging. In dieser Hinsicht war er ganz der Alte. Er hatte seinen Mantel noch nicht ganz ausgezogen, da verfing sich sein neugieriger Blick schon an der Kommode, auf der unser Telefon stand.
»Nanu«, krähte er, »ihr habt ja immer noch kein Telefon!«
Das war eine ziemlich dumme Bemerkung.
Unser Telefon sah nicht nur aus wie ein Telefon, es funktionierte auch wie ein Telefon. Wir konnten anrufen. Wir konnten angerufen werden. Wir zahlten Gebühren. Vor Jahren waren wir sogar abgehört worden.
Für den Fachmann nur soviel: Es handelte sich um einen Siemens-Halske-Selbstanschlußapparat in klassischem Schwarz mit dem klassischen Hörer auf der klassischen Gabel, um einen historisch wertvollen Fernsprecher also, der jedem Antiquitätenshop am Potsdamer Platz zur Ehre gereicht hätte.
»Wenn es wenigstens ein Gerät aus der Zeit von Philipp Reis wäre!« hämte Leo. »Aber solche Dinger wie euer Ding haben ja schon die alten Römer gebraucht gekauft, und zwar von den alten Griechen!« In Pompeji, behauptete er, hätten Archäologen solche Apparate zu Tausenden aus der Lava geschürft.
»Siehste!« sagte meine Frau.

Sie wünschte sich seit Jahren ein neues Telefon, möglichst passend zu den neuen Tapeten.
»Ihr braucht unbedingt ISDN«, sagte Leo, »und zwar mit Mehrfachrufnummer, Anrufweiterschaltung und integriertem Faxbeantworter, mit Internet, E-Mail, Online-Shopping, Telebanking, mit Plug & Play-Lösungen! Eine moderne Frau wie deine Elfie muß endlich in modernem Stil telefonieren können: Call by Call von Frau zu Frau, von früh bis spät, from Town to Town, zum Sunshine-Tarif, zum Moonshine-Tarif oder mit Holiday-Plus zum City-Weekend-Tarif.«
Überzeugende Argumente.
Jedenfalls für Leute, die lange genug in New York City gelebt haben.
Ich rief die Auskunft an und bat um eine Übersetzung. Das Fräulein von der Deutschen Telekom empfahl mir in amerikanischer Sprache einen Englisch-Kursus. Im Gegenzug empfahl ich ihr auf deutsch einen Russisch-Kursus.
»Fuck off«, sagte sie kurz angebunden, »verpiß dich, dirty old Fernsprechteilnehmer!«
So nett können sie sein bei der Telekom. Wenn sie nur wollen. Dort ist der Kunde noch König, auch wenn er gar kein Engländer ist.

Die nächste Etappe war der Ti-Point. Der T-Punkt.
T-Punkt klingt einerseits nach G-Punkt, andererseits nach Zeichensetzung und Rechtschreibreform, ist in Wirklichkeit aber bloß ein stinknormaler Laden voller Telefonapparate im postmodernen Stromliniendesign.

»Hallöchen und Grüß Gott!« rief der Verkäufer. »Was könnte ich, wenn ich wollte, für Sie tun?«
Von meiner Idee, ein schlichtes, preiswertes Telefon zu kaufen, hielt er wenig. »Sehnse mal, schlußendlich hängt doch alles irgendwie davon ab, ob Sie Normaltelefonierer sind, Mehrtelefonierer oder Vieltelefonierer. Und ohne ISDN«, erklärte er, »läuft heutzutage schon gar nichts mehr. ISDN ist schlicht und ergreifend die Basis für Internet, für E-Mail, für Telebanking, für Plug & Play Lösungen. Eine moderne Frau wie Ihre Frau«, sagte er, »ist natürlich ganz besonders scharf ...« Er hüstelte sich durch eine Kunstpause hindurch. »...die ist natürlich besonders scharf auf Online-Shopping! Stimmt's, oder hab ich recht, kleine Frau?«
Und Elfie, das Kamel, nickte dazu.
Er machte uns fertig mit Crash-Vokabeln wie Euromessage und Global Roaming. Das Telekom-Paket DuoCard-Fifty-Fifty, versicherte er, sei nicht nur spitzenmäßig preisgünstig, sondern überhaupt ein Muß für Leute wie uns, die ohne Händy ja schon gar nicht mehr Auto fahren könnten.
»Sie werden lachen«, sagte ich, »wir haben gar kein Auto.«
»Und ein Händy erst recht nicht!« ergänzte Elfie. »Leider.«
Da begann er zu ahnen, daß ihm zwei extrem komische Vögel zugeflogen waren.
»Ei, ei«, sprach er und versank in langes Brüten.
Dann drehte er uns im beschleunigten Verfahren eine Siemens-Gigaset-Hör/Sprech-Garnitur an. In fliegender Hast

schrieb er die Rechnung aus. Ich zahlte, und er schied von uns mit einem Jodler der Erleichterung: »Holdrio, tschüssikowski und ein fröhliches Tut-tut-tut alleweil!«
»Moment, Moment!« rief ich. »Was ist mit dem Termin?!«
»Wir hätten einen Termin, junger Mann?«
»Das will ich doch stark hoffen! Wann genau möchten Sie denn unsere neue Anlage installieren?«
»Das«, sagte er mit einem gewinnenden Lächeln, »möchte ich überhaupt nicht.« Übrigens sei es auch in keinster Weise nötig, die Montage wäre ganz, ganz einfach, einfacher geht's gar nicht! »Aber, nun ja, für alle Fälle und weil Sie es sind, gnädige Frau, für den Fall der Fälle ...« Er kritzelte eine dreiundsiebzigstellige Spezial-Telefonnummer auf unsere Rechnung. »Anruf genügt.«

Als wir den T-Punkt verließen, hängte Elfie sich bei mir ein. Sie blickte verliebt zu mir auf wie seit hundert Jahren nicht mehr. Sie wäre so begeistert, flüsterte sie. »Weil du«, sagte sie, »endlich wieder, wie früher, der eigenen Kraft vertraust.«
In diesem Augenblick kam es mir vor, als könnte ich – erstens – Bäume ausreißen und – zweitens – jedes beliebige Aggregat, jede technische Anlage der Welt im Alleingang installieren.
Dieser Rausch war kurz.
Schwungvoll riß ich in der ersten Hitze nicht nur den Telefonstecker aus der Steckdose, sondern die altersschwache Steckdose gleich mit aus der Wand. Nun gab es kein Zurück mehr. Fünf Minuten später hatten wir uns hoff-

nungslos verheddert im Kabelchaos unserer Hör/Sprech-Garnitur. Im Korridor stapelten sich Tüten und Kartons, Telefonapparate mit und ohne Schnur, ein Faxgerät, eine sogenannte PC-Card, ein geheimnisvolles schwarzes Kästchen, magentafarbene Propagandaschriften mit gelehrten Montage- und Gebrauchsempfehlungen, allesamt ersonnen im verbrecherischen Vollrausch von Fachidioten für Fachidioten.

Elfie verstand nur Bahnhof.

Ich verstand Reelwehsteeschn.

Panik machte sich breit.

Mit bebender Hand wählte ich die rettende dreiundsiebzigstellige Nummer. »Sehr geehrter Anrufer!« näselte eine Automatenstimme. »Hier spricht Ihre Deutsche Telekom. Vielen Dank für den Anruf. Es wird Sie gewiß kaum überraschen, daß uns Ihr Problem voll am Arsch vorbei geht!«

Damit war das ursprünglich technische Problem zu einer Frage der Ehre geworden. Sofort versuchte ich, die Verantwortungsträger der Telekom telefonisch zur Verantwortung zu ziehen.

Verzweifelt blätterte ich im Telefonbuch, die Rufnummer einer Beschwerdestelle jedoch konnte ich nirgends entdecken im Dickicht der Ziffern, statt dessen aber Nummern, die mich via Satellit mit jedem Schiff auf jedem der sieben Meere verbunden hätten. Ich hätte die Gewinnzahlen mehrerer Lotterien abrufen können, auch die Zeitansage und die Stellenangebote der Arbeitsämter. Das Highlight auf Seite neun war ein Ratgebertext mit der

verheißungsvollen Überschrift »Drei Schritte zur erfolgreichen Verbindung«.
Erstens: Heben Sie den Hörer ab!
Zweitens: Wählen Sie die Nummer!
Drittens: Legen Sie nach Beendigung des Gesprächs den Hörer wieder auf!

Blitzartig wurde mir klar, daß sie ihre Telefonbücher von Comedy-Experten schreiben lassen. Das Dumme dabei ist bloß, daß im Gegenzug die Fernsehanstalten alle freigesetzten Telefonbuchautoren als Humoristen beschäftigen.
Mir war inzwischen der letzte Rest Humor abhanden gekommen. Um unnötige Laufereien zu vermeiden, wandte ich mich gleich an die Polizei. Diese machte, wie erwartet, freudig von ihrem Gewaltmonopol Gebrauch und führte uns beim Klang des Martinshorns einen Monteur zu, natürlich in Handschellen. Er hieß Detlef und gab das auch offen zu. Er warf einen besorgten Blick auf die eleganten Apparate und verschlungenen Kabel, die Tüten, Kartons, Kistchen, Kästchen und Broschüren, dann ergriff er die Flucht.
Genau damit hatte ich gerechnet.
Blitzschnell schloß ich die Wohnungstür von innen ab, würgte den Schlüssel runter und spülte mit einem Underberg nach. Wohl oder übel erklärte sich Detlef zur Zusammenarbeit bereit und zeigte seinen guten Willen, indem er anfing, aus dem Benutzerhandbuch zu zitieren.
»Sie lesen großartig«, schwärmte Elfie, »so richtig mit Betonung!«

»Nun ja ...« Er schlug die Augen nieder. »... in meiner Jugend wäre ich gern Schauspieler geworden. Ich hatte sogar schon mit der Sprecherziehung begonnen: Rotkraut bleibt Rotkraut, und Blaukraut bleibt Blaukraut; in Ulm, um Ulm und um Ulm herum ...«
Er holte tief Luft, um als Zugabe den »Osterspaziergang« zu deklamieren. Hastig drückte ich ihm ein dickes Bündel Kabel in die Hand.
Etwas Falscheres hätte ich gar nicht tun können. Es dauerte keine drei Minuten, da stand er schon bis über die Ohren in den Drähten und kurz vor der Selbststrangulation. Bei Wiederbelebungsversuchen entdeckte ich das Händy und rief sofort seinen Chef an.
»Hallo, Chef!« sagte ich mit verstellter Stimme. »Jetzt hör mal genau zu! Ich hab soeben euern Detlef als Geisel genommen.«
»Fein«, sagte er.
»Wenn du möchtest, daß er gesund bleibt, schickst du auf der Stelle deinen besten Monteur!«
»Und jetzt hörst du mal genau zu«, sagte er. »Den Detlef kannste dir an den Hut stecken! Den wollte ich schon lange loswerden.«
Elfie und ich hielten das zunächst für einen Scherz, Detlef jedoch wurde sehr, sehr blaß.
Dann warteten wir.
Tagelang.
Wochenlang.
Die Telekom meldete sich nicht.
Konnte sie auch gar nicht.
Wir hatten ja keinen Anschluß.

Am dreiunddreißigsten Tag brachte der Postbote die Werbeschrift eines Telefonbuchverlags mit der Botschaft: »Auch wenn Sie noch keinen Fernsprechanschluß haben, ein Eintrag im amtlichen Telefonbuch empfiehlt sich gerade deswegen!«

Mittels Rauchzeichen versuchten wir, die Nachbarn auf unser Schicksal aufmerksam zu machen.

Leider hatte die Feuerwehr kein Verständnis dafür.

Danach versuchten wir es mit afrikanischen Tamtams, kamen aber schnell wieder ab davon, weil ein Schwarm Kurzhaarnazis die Situation mißdeutete und sich unter unserem Balkon aufklatschbereit zusammenrottete. Ich zeigte ihnen den Stinkefinger. Lustvoll erhob der Scharführer die Rechte zum deutschen Gruß.

In der Zwischenzeit versuchte die Deutsche Telekom mit der italienischen, mit der französischen, mit der indonesischen und mit der neuseeländischen Telecom zu fusionieren. Ohne Erfolg. Schade. Gerade von einer geglückten Fusion hatten wir uns soviel versprochen ...

Seit Mitte der neunziger Jahre hat sich bei uns, ehrlich gesagt, nur wenig verändert. Wenn Sie, zufällig, mal durch unsere Straße kommen, wird Ihnen auf einem Balkon im dritten Stock höchstwahrscheinlich ein kleiner, dicker Mann auffallen, der mit zwei rot-weißen Signalflaggen seemännisch herumfuchtelt. Das bin ich. Als Signalgast halte ich die Welt über unser Schicksal auf dem laufenden. Elfie und Detlef singen dazu »La Paloma«.

Wir sind guter Dinge und haben allen Grund dazu. Die Ortsgespräche der Telekom werden immer teurer, wir aber lachen uns ins Fäustchen und sparen eine Menge Geld.

Elfies Homepage

Wir haben einen neuen Computer. Für mich ist er voll dunkler Gefahren und nicht zu enträtselnder Geheimnisse – wie der Regenwald oder die wunderbare Welt der geheimen Dienste. Meine Elfie dagegen versucht mit großer Beharrlichkeit und, wie ich glaube, mit Erfolg, ihm auf die Schliche zu kommen. Das macht mich stolz, zugleich aber quält mich die ungute Gewißheit, seit kurzem nicht mehr die Nummer Eins im Haushalt zu sein, vielleicht gar in ihrem softwarevernarrten Herzen.

Immer öfter befällt mich ein Argwohn. Kokettiert sie neuerdings etwa mit ihrer Jugend? Will sie mir nonverbal mitteilen, was ich selbst am besten weiß, daß ich nämlich zwanzig Jahre älter bin? Vielleicht sogar zwanzig Jahre zu alt? Daß ich keine Chance mehr hätte, die Schwelle zum Paradies der neuen Medien jemals zu überschreiten?

»Ein Mensch ohne Internet-Adresse«, sagt sie, »weißt du, was der für mich ist? Der ist für mich schlimmer als eine Person ohne festen Wohnsitz!«

Wen meint sie damit?

Im Traum ist mir gestern Nacht ein schlimmes Bild erschienen, genauer gesagt ein Schild, wie jeder Einzelhändler es am Eingang zu seinem Laden anzubringen pflegt – ein Hund samt Aufschrift: Ich muß draußen bleiben! Und der Mops im Traum hatte verdammt große Ähnlichkeit mit mir.

Stundenlang vertieft sich Elfie in das hieroglyphische Abrakadabra der Gebrauchsanleitungen. Sie sagt, die

Texte seien gar nicht so knifflig oder unverständlich, wie irgendwelche älteren Herrn immer wieder behaupteten, ganz im Gegenteil, eher leichte Literatur, im Schwierigkeitsgrad etwa den berühmten Konsalik-Romanen vergleichbar, wenngleich raffinierter in der Machart.
Die Welt ist für Elfie bloß noch ein globales Dorf.
Stundenlang surft sie kreuz und quer durchs Internet, der T-Online-Lotse ist ihr bester Freund. Ich aber, Gott sei's geklagt, weiß erst seit heute früh, daß sie gar keinen Sprudel meint, wenn sie Browser sagt, aber, bitte: Fragt mich jetzt nicht, was genau damit gemeint ist!
Ich weiß es nicht. Sie hat versucht, es mir zu erklären, ist damit aber kläglich gescheitert.
Selbst Ansichtskarten verschickt sie nicht mehr mit der Postkutsche, sondern nur noch per E-mail.
Früher hat sie öfter mal ein gutes Buch gelesen, Rosamunde Pilcher, Rolf Biermann, Lutz Rathenow, diese Sachen. Das ist vorbei. Die Schwarten, die bei uns zu Hause in den Regalen verstauben, sind von vorne bis hinten rausgeschmissenes Geld. Ihre Augen, so scheint mir, verformen sich allmählich zu Rechtecken, die einen mattscheibenblauen Schimmer abstrahlen. Sie liest, wenn sie liest, nur noch am Bildschirm.
»Das Internet«, schwärmt sie, »ist die größte Bibliothek der Welt!«
Das ist nicht übertrieben. Das sehe ich genauso. Das Internet gibt Antwort auf alle nur denkbaren Fragen, vor allem auf jene, die kein Mensch gestellt hat.
Neulich hat Elfie ermittelt, wo in Japan der Japaner, wenn er möchte, ein kleidsames Toupet für seinen Hund

kaufen kann. Sie kennt inzwischen das Quadrat der Zahl 111111111. Wenn du 111111111 mit 111111111 multiplizierst, kriegst du 12345678987654,321 raus, eine Zahl, die man sich nicht nur merken sollte, sondern auch ganz leicht merken kann. Und bei Sex, der diesen Namen verdient, verbrennt jeder der beiden Teilnehmer 360 Kalorien pro Stunde, daß heißt, wenn ihm neben dem Internet für Sex noch ein Stündchen Zeit bleibt.

Das eben ist, wenn ich es recht verstehe, der Reichtum des Cyberspace: Man gerät mit Lichtgeschwindigkeit vom Hundertsten übers Tausendste ins Millionste.

»Allerdings muß man einigermaßen Englisch können«, sagt Elfie, »sonst läuft gar nichts.«

Sie hat einen Englischkursus belegt, für Fortgeschrittene, English for Runaways, und arbeitet fleißig ihre Defizite auf. Die ersten globalen Erfolge haben sich schon eingestellt. In der Homepage der New York Times ist sie auf die bisher weitgehend unbekannte Tatsache gestoßen, daß die führenden deutschen Nazis leidenschaftliche Fans von Ballsportarten waren. Jeder besaß mindestens einen Ball, sie wisse bloß noch nicht, sagt Elfie, ob es sich um Fußbälle, Handbälle oder Tennisbälle gehandelt hätte, da fehlten ihr vorläufig noch ein paar Infos. Bälle jedenfalls spielten im Dritten Reich eine große Rolle, wie aus einem einschlägigen Vierzeiler hervorgehe, den die New York Times in ihrer Homepage veröffentlicht hätte:

Hitler had only got one ball,
Goering's were very, very small,
Himmler's were somewhat sim'lar,
and Goebbels had no balls at all.

Wenn man, wie Elfie, die Suchmaschinen zu bedienen weiß, Suchmaschine Fireball oder Suchmaschine Yahoo, steht man bald bis über beide Ohren in den Facts. Allerdings, sagt sie, muß man im Internet auch selbst Flagge zeigen, sonst macht es bald keinen Spaß mehr.
Darum will sie sich demnächst eine persönliche Homepage zulegen. Unbedingt.
Ihre Freundin Rosi hat auch eine Homepage!
Es gab Zeiten, da Rosi und Uwe an jedem zweiten Wochenende bei uns aufkreuzten, eine Flasche Rotkäppchen am Mann und ein Alpenveilchen. Ehrlich gesagt, mitunter wurde mir das damals schon, na ja nicht direkt lästig, nur eben ein bißchen viel, trotzdem, im Rückblick muß ich sagen, daß es meistens vielleicht doch ganz nette Abende waren mit Klatsch und Tratsch und Dummquatschen, auch mal ein Witz zwischendurch, klar, und Elfie kocht ja auch gerne und gut. Beim Gegenbesuch kochte dann Rosi, die Kocherei war auf dem besten Wege, zum Wettbewerb auszuarten.
Diese Live-Besuche sind selten geworden, sie finden, genauer gesagt, gar nicht mehr statt. Gekocht wird schon lange nicht mehr, leider. Der Computer ist Herr im Haus und verlangt sein Recht. Allerdings ... Obwohl die Bescherei der Vergangenheit angehört, wissen wir doch immer so einigermaßen, was drüben los ist bei Rosi und Uwe in Stube und Küche und so weiter. Wir wissen es, weil wir alles mit eigenen Augen sehen, auch wenn wir leibhaftig gar nicht anwesend sind.
Rosi, wie gesagt, hat eine Homepage.
Diese heißt *http://www.rosicam.de*.

Daraus ersieht sogar schon der Laie, daß es sich um eine Homepage der dritten Art handeln muß, eine Homepage, die mehr zu bieten hat als bloß dürre Buchstaben, Wörter, Sätze und sonstiges Blabla, eine Homepage, von der ich vor einem halben Jahr noch nicht geglaubt hätte, daß es solche Homepages überhaupt gibt oder jemals geben könnte.
Rosis Homepage arbeitet, haltet euch fest, mit bewegten Bildern. Mit Film! Und die Hauptrolle spielt immer Rosi. Uwe ist Kameramann und Regisseur. Er hat sich eine Webcam zugelegt, wenn Sie wissen, was ich meine. Diese Webcam filmt alles, was ihr in die Quere kommt, und das ist immer Rosi.
Die Webcam ist handlich, Kaliber Arbeiterfaust vielleicht, und sie ist vom Gewicht her kinderleicht. Man kann sie in der Wohnung nach Herzenslust herumtragen und alles aufnehmen, was nicht niet- und nagelfest ist. Uwe hat sie an einen Laptop angeschlossen, und dieses Wunderwerk von Laptop speist die Aufnahmen alle zwei Minuten ins Internet ein, damit alle Menschen der Welt sich einlinken und ununterbrochen miterleben können, was Rosi gerade macht.
Was macht Rosi?
Rosi erwacht, reibt sich die Augen, gähnt ausgiebig, erhebt sich aus dem Lotterbett, reckt und streckt sich, duscht, putzt sich die Zähne, schmeißt die Kaffeemaschine an und den Toaster, deckt den Frühstückstisch, rührt das Rührei an und reicht Uwe, der natürlich nicht im Bild ist, weil er ja die Webcam bedienen muß, eine Scheibe Toast ... So geht es den lieben langen Tag. Rosi

am Geschirrspüler, Rosi an der Waschmaschine, Rosi bei gymnastischen Übungen, Rosi gießt die Blumen, Rosi nimmt die Post aus dem Briefkasten, Rosi blättert in der Super-Illu und lacht sich kaputt über die gezeichneten Witze von Heinz Jankofsky.

Manchmal bewegt sich Rosi durch die Wohnung, als wäre sie mutterseelenallein und unbeobachtet, als läge gar keine Kamera auf der Lauer, als gäbe es gar keine Voyeure mit Schmuddelgedanken, manchmal lacht sie frech in die Linse und zeigt dem Betrachter die Zunge, manchmal zeigt sie ihm auch einen Vogel, und ganz besonders gern, so mein Eindruck, nimmt sie bedenkliche, pikante Posen ein, eine Standwaage zum Beispiel; sie führt uns Kopfstände vor oder Pirouetten ...

Und alles nur im Slip!

»Fleisch, Fleisch und nochmals Fleisch«, sagt Elfie verächtlich, »eine regelrechte Girlcam-Show!«

Wenn Rosi mal nicht online ist, steht ein Festbild auf ihrer Homepage: Rosi mit unergründlichem Mona-Lisa-Lächeln, natürlich oben ohne.

»Und dabei hat sie einen so süßen roten Pulli!« sagt Elfie, die für soviel Offenheit kein Verständnis aufbringt.

Elfie ihrerseits sieht für ihr Alter auch nicht schlecht aus. Trotzdem, sagt sie, wird sie ihre Homepage ganz, ganz anders aufziehen, irgendwie anspruchsvoller. Nächste Woche, sagt sie, kauft sie mir eine Webcam, die Bedienung ist kinderleicht, und dann darf ich sie filmen, so oft ich will oder muß. Wie sie ein gutes Buch liest, Goethe zum Beispiel oder Shakespeare. Elfie als Leseratte, voll konzentriert. Wie sie eine CD auflegt mit ernster Musik

– Bach, Schönberg oder Stockhausen. Wie sie Tagebuch schreibt. Wie sie Gedichte liest von Durs Grünbein. Wie sie Gedichte und Poeme selbst ersinnt und eigenhändig niederschreibt.
Aber natürlich nicht im Slip!
Ihr schwebt ein elitärer Denkersalon vor. Sie wünscht sich, daß hin und wieder ein paar deutsche Promiprofessoren rumkämen zum philosophischen Small-Talk – Professor Baring etwa oder Habermas und Sloterdijk.
Und sie hofft, daß die ganze Welt sich einlinkt und sieht, was für ungeheuer wichtige Leute bei uns ein- und ausgehen.
Deutsche Geistesgrößen auf Elfies Homepage im hermeneutischen Diskurs über die Kritik der zynischen Vernunft oder die Rätsel der Globalisierung!
Aber nicht im Slip!
Auch der Bundeskanzler und der Wirtschaftsminister sind herzlich willkommen zum Klubgespräch über das seltsame Phänomen, daß Fusionen von Banken oder Autofirmen klappen wie das Brezelbacken. Auch die drei Tenöre haben sich erfolgreich zusammengeschlossen, bloß die allerwichtigste Fusion hat rätselhafterweise nicht geklappt – die so lang ersehnte deutsche Einigung, der nahtlose Zusammenschluß von Ost- und Westdeutschland.
Auch der Kanzler und der Wirtschaftsminister werden nicht im Slip auftreten und erst recht nicht im Schutze ihrer Nadelstreifen. Sondern splitternackt! Wegen der Glaubwürdigkeit! Auf Elfies Homepage geht es um die nackte Wahrheit.

Der Mittelpunkt der Erde

Besonders groß ist unsre kleine Ortschaft nicht, sagen wir, eine Zwischengröße. Sie ist allerdings von der nächsten, besten Großstadt nicht weit entfernt, und das bringt eine gewisse Unsicherheit mit sich. In jedem Dorf grüßen die Leute einander, weil sie sich kennen. In Großstädten dagegen grüßen die Leute sich gegenseitig nicht, weil sie sich nicht kennen und weil sie sonst aus dem Grüßen gar nicht wieder rauskämen. Bei uns grüßen sich die Leute auch dann nicht, wenn sie sich kennen, auf diese Weise lassen sie unauffällig den potentiellen Großstädter raushängen.

Immerhin haben wir, was andere schon lange nicht mehr haben – einen Bahnhof, den man aber nicht als Haltepunkt bezeichnen darf, jedenfalls am Stammtisch nicht, sonst ist gleich 'ne Lage fällig. Denn außer Gleis eins ist noch ein zweites Gleis vorhanden: Gleis zwei.

Fredi, der Fahrdienstleiter, hämmert uns immer wieder ein, was einen Bahnhof von einem Haltepunkt unterscheidet: Ein Bahnhof, sagt Fredi, ist eine Bahnanlage mit mindestens einer Weiche, wo Züge beginnen, enden, kreuzen, überholen oder mit Gleiswechsel wenden dürfen, soviel zu deiner persönlichen Information. Fahrdienstleiter Fredi darf man allerdings nicht Fahrdienstleiter nennen, auch nicht Bahnhofsvorsteher, wenn schon Titel, dann bitte Reiseverkehrsaufsicht, sonst wären wir schon gleich bei der zweiten Lage.

Unsere bescheidene, kleine Kneipe heißt Mittelpunkt der Erde, und der Wirt heißt für seine Freunde Siegi. Zwar ist seine Kaffeemaschine öfter mal kaputt, dann geht Siegi ganz unsentimental über zum Einzeltassenbrühverfahren.

Kaffee wird, ehrlich gesagt, nicht allzu oft verlangt.

Der Bierhahn aber, der hat bei uns das Laufen gelernt.

Wenn sich in den Mittelpunkt einer dieser sagenhaft schnellen Berliner verirrt, der schon nach einer halben Stunde anfängt zu fragen, ob der Bockwurst, die er bestellt hat, in der Küche vielleicht irgendwas zugestoßen sei, flüstert Siegi ihm mitfühlend zu: »Pardon, mein Herr, ich konnte ja nicht ahnen, daß Sie auf der Flucht sind.« Und Siegi muß natürlich mit Zimmerlautstärke flüstern, klar. Anweisung vom Stammtisch.

Schwül ist es im Mittelpunkt.

Immer noch.

Das Gewitter hat sich verzogen, ein mordsmäßiges Sommergewitter, alles was recht ist. Die Fenster stehen weit offen, und der süße Duft der Lindenblüten kommt von draußen rein.

»Junge, Junge«, stöhnt Siegi hinter der Theke und wischt sich alle drei Minuten den Schweiß von der Stirn.

Fast alle sind schon eingetrudelt, sogar Erwin. Erwin arbeitet bei Auto-Henrich als Verkäufer. Ob weiblich oder männlich, beim Autokauf zu Henrich!

»Du, Erwin«, sagt Udo, »mein Auto hat 'ne Macke, da läuft Öl aus und Wasser auch.«

»Muß ja«, sagt Erwin. »Weil es ein Auslaufmodell ist.«

Udo ist Bauklempner, hat aber im Moment zufällig keine Stelle. »Ich laß mein Geld für mich arbeiten«, sagt er, »auf der Bank.«

»Bei der Bank«, sagt Heinz, »da sitzen die Allerschlimmsten; die arbeiten mit deinem Spargeld, und dann verlangen sie noch Gebühren bon dir.« Heinz ist Jungrentner. Vor vierzehn Tagen erst ist er ins Rentenalter eingetreten, aber in alter Frische, seine Enkel haben sogar was durchsagen lassen im Radio.
Wo bleibt Fredi?
Ob was passiert ist?
Quatsch! Was soll denn passiert sein!
Seit wann passiert denn bei uns was?
Darin besteht ja gerade das Problem. In weit kleineren Nestern schlagen Meteoriten ein und zertrümmern die frisch geputzten Scheiben eines Gewächshauses.
Oder das Spritzenhaus wird mit Graffitti vollgesprüht.
Oder es kommt zu Hakenkreuzschmierereien.
Ständig passiert was.
Aber immer bei den andern, immer woanders, manchmal keine drei Kilometer entfernt vom Mittelpunkt der Erde.
Es ist nichts los. Auch die Jugend klagt. Keiner kann sie trösten mit dem Hinweis auf unsere erdgeschichtlich bewegte Vergangenheit, von der die steinernen Zeugen künden, die in der Feldmark rumliegen, unsere eiszeitlichen Findlinge.
Was ist mit Fredi?
Der letzte Zug ist lange durch. Zur Überbrückung schiebe ich die Story von Roxana ein, der Nichte meines Schwagers Rudi in Flecken Zechlin. Roxana, die darf nicht Frisösin lernen oder Frisöse, wie man auch sagen kann, da geht einfach kein Weg rein, dafür, haben sie

gesagt, sind ihre Zensuren einfach zu mies, vier plus in Mathematik, infolgedessen soll sie lieber Bankkauffrau lernen.

»Quatsch!« Erwin läßt die Zeitung neben sein Bierglas sinken. Die andern sehen mich mißtrauisch an, wie einen Lügenbaron. An diesem Stammtisch kann man erzählen, was man will, immer heißt es gleich: »Quatsch!«

»Hört mal zu«, sagt Erwin, »was in der Zeitung wieder für ein Quatsch steht!« Gauner, liest er vor, seien – irgendwo in Texas – eingebrochen in die Wohnung einer reichen, alten Dame, die um Hilfe gerufen habe, genau das aber sei ihr Fehler gewesen! Denn bei dieser Gelegenheit hätten die Gängster ihre Goldzähne entdeckt und wären sofort mit dem Gebiß durchgebrannt.

Heinz nickt. Er kennt die Meldung schon; in seiner Zeitung steht sie auch.

Siegi sagt: »Das kommt davon, wenn man das Maul zu weit aufreißt!«

Es passieren schon dolle Sachen.

Udo hat einen Großonkel mütterlicherseits, und kriegt dir der nicht neulich eine Ansichtskarte, die war vierzig Jahre unterwegs vom Absender zum Empfänger, vierzig geschlagene Jahre von Zehdenick nach Gransee! Und auf der Karte stand, »ihr lacht euch kaputt, Leute«: Lieber Paul, brauchst Dir nicht so beeilen, wir erwarten Dir nächsten Sonntag sowieso.

»Die Lakritze ...«, ruft Siegi von der Theke aus, doch die sich erneut anbahnende Lakritzdebatte wird sofort abgewürgt. Die Lakritze ist ausdiskutiert. Lakritze, so hat die Mehrheit entschieden, wird aus Ochsenblut hergestellt

und nicht aus Süßholzextrakt, wie Siegi uns einreden will. In diesem Augenblick kreuzt Fredi auf.
»Durscht!« ächzt er mit letzter Kraft. »Durscht wird durch Bier erst schön!«
Fredi, leichenblaß, verschwitzt, die blaue Uniformjacke offen wie ein Scheunentor, klopft zum Gruße kurz auf die Tischplatte und plumpst tief ausatmend auf seinen Stammplatz. Hier sitzen die, die immer hier sitzen.
Je schöner der Abend, desto später die Gäste.
»Mann, Fredi«, schwärmt Heinz, »du siehst ja blendend aus, bist du krankgeschrieben?«
Siegi plaziert den fälligen halben Liter, und dann zischt es bloß noch, Geysir ist nischt dagegen.
»Omannomannomann!« Fredi schüttelt wie ein Eisbär den Schädel. »War das ein Stück Arbeit!«
Ist was passiert? Und wenn ja, was?
Also! Der P 16789 ist pünktlich eingefahren, trotz Regen, Blitz und Donner. Extreme Witterungsbedingungen, aber fahrdienstlich alles im grünen Bereich. Fredi steht in seiner Stellwerksbude, die durchnäßte rote Mütze auf dem Haupt, die Kelle in der Hand.
»... nichts Böses ahnend«, sagt Fredi.
Er wirft einen letzten püfenden Blick in Fahrtrichtung und ... Nein! Das gibt's doch nicht! Das kann's doch gar nicht geben! Im Regenschleier deutlich erkennbar eine grellweiße Scheibe oder Kugel, die sich nähert mit einem Af-fen-zahn. Was ist das? Ein Sonderzug? Unmöglich! Eine Zugmeldung liegt nicht vor. Auf eingleisigen Strekken sind alle Züge generell vorauszumelden. Außerdem ist die Fahrgeschwindigkeit auf hundertvierzig Stunden-

kilometer begrenzt, und dieser Wahnsinnslokführer hat doch wenigstens zweihundert, dreihundert Sachen drauf, rast direkt zu auf Gleis eins, und auf Gleis eins steht zur Abfahrt bereit der P16789!

»In diesem Moment«, haucht Fredi, noch immer zu Tode erschrocken, »in diesem Moment krieg ich erst mal mit, waaaaas da angerauscht kommt. Das ist ja gar kein Zug! Das ist ja ein ...«

Knisternde Spannung. Alles hebt sacht ab von den Stühlen.

»Was denn?« Udo ist aufgeregt wie nie. »Was isses?«

»Es ist ein ..., haltet euch fest! Jungs, ihr kommt nicht drauf!«

»Ja, was denn?« Udo hält die Spannung nicht aus. »Was denn bloß?«

»Ein Ku-gel-blitz!«

»Quatsch!« sagt es aus mir. »Kugelblitze gibt's gar nicht!«

»Ein Ku-gel-blitz!« wiederholt Fredi.

»Kugelblitz ist Aberglaube«, sage ich, »das ist wissenschaftlich erwiesen.«

»Halt die Schnauze!« Erwin läßt mich an seiner Faust schnuppern. Sie riecht nach Friedhof.

»Ein Kugelblitz auf dem Gleis«, sagt Fredi entrüstet, »der überhaupt nicht vorausgemeldet ist.« Und auf Gleis eins steht zur Abfahrt bereit der P16789, voll mit Kindern und schwangeren Frauen.

Nie ist bei uns was Weltbewegendes passiert. Und nun gleich so was! Die Katastrophe auf Schienen, sagt Fredi atemlos und durchlebt alles noch einmal. Größer und größer, immer größer werdend, grellweißlila, fegt der Kugelblitz auf dem Gleiskörper heran, überfährt mir

nichts, dir nichts das Einfahrsignal! Ein verzweifelter Blick in seine Stellwerksbude verrät Fredi, daß die verdammte Einfahrweiche eins noch in Plusstellung steht, auf gut deutsch: Gleich feuert er rein nach Gleis eins, unweigerlich, unaufhaltsam, nichts mehr zu machen, gleich knallt's, gleich bricht alles zusammen.
Der Stammtisch ist fix und fertig.
»Mann, Fredi!« Erwin haut mit der Faust auf den Tisch. »Da kannste doch nicht einfach zukucken!«
»Da mußte doch was machen«, verlangt Heinz.
Und Siegi fragt aus Richtung Theke: »Was hast'n da gemacht, Fredi?«
»Na, was schon, Leute! Tigersprung zur Hebelbank, Einfahrweiche eins rumgerissen und...«
»Und?« Udo hält sich die Hand vor die Augen.
»... und umgelenkt das Geschoß auf das freie Gleis zwo!«
Alles noch mal gut gegangen.
Applaus für Fredi. Die Spannung löst sich.
Neue Lage! In Anbetracht der Lage.
»Auf Fredi!«
»Auf den Lebensretter!«
Erwin droht mir mit der Faust. »Letzte Verwarnung!« sagt er. »Du immer mit deiner Scheiß-Wissenschaft!«
In gewissem Sinne hat er recht. Auch wenn es, nur mal angenommen, den tödlichen Kugelblitz vielleicht gar nicht gegeben haben sollte, gilt dennoch: Genauso wie Fredi gehandelt hat, hätte Fredi, wenn nötig, gehandelt. Jeder von unserm Stammtisch hätte so gehandelt.
Und so gesehen, stimmt alles wieder, von der Wahrheit mal spaßeshalber abgesehen.

Er ist wieder da

Eines Tages war er weg. Spurlos verschwunden. Wie vom Erdboden verschluckt. Natürlich wollten wir es zuerst nicht wahrhaben.

Zwei, drei Nächte war er schon öfter mal weggeblieben. Das war nicht weiter ungewöhnlich, und als gesunder Mann denkt man sich in solchen Fällen sowieso: Kann schon mal vorkommen bei einem gesunden Kater. Aber Elfie regte sich ungeheuer auf, so sehr, daß sie sich, selbst wenn sie gewollt hätte, gar nicht schlimmer hätte aufregen können, auch dann nicht, wenn ich selbst zwei, drei Nächte aushäusig geblieben wäre. Ihre hysterische Tierliebe machte mich regelrecht eifersüchtig, aber sie sagte nur: »Du bist ja bloß zu faul zum Suchen.«

Als endgültig feststand, daß es passiert war, als unser Haus so unsagbar leer geworden war, gestand sie mir unter Tränen, ein bißchen hätte sie doch, wenn sie an unseren guten, alten Trolli dachte, auch das Wirtschaftliche im Auge gehabt, so sind die Frauen.

Immerhin war unser Troll vom Trollenstein als Internationaler Zuchtchampion ein potenter Verdiener gewesen. In den neuen Bundesländern wimmelt es nur so von seinen Kindern und Enkeln. Mehrfach waren wir mit ihm Sieger geworden in der Best-of-Best-Klasse, zuletzt in Ottendorf-Okrilla, und das, obwohl in der Kategorie Norwegische Waldkater die Konkurrenz knallhart ist.

Jedenfalls hingen bei uns zu Hause alle Wimpel auf Halbmast.

Elfi drückte mir die Klapperbüchse mit dem Katzini-

Trockenfutter in die Hand, das unserm Trolli immer so gemundet hatten, dann jagte sie mich aus dem Haus. Unermüdlich klappernd klapperte ich seine mutmaßlichen Lieblingsplätze ab, Keller, Schuppen und Garagen. Wo überall mochte er seine Duftmarken gesetzt haben? Wie groß mochte sein Revier sein? Oder: gewesen sein?
Immer weiter zog ich meine Kreise, Ellipsen und Spiralen. Ich ging allen Leuten mit meinen Fragen auf die Nerven. Ich setzte Kinder mit Fahrrädern und Rollschuhen als Fahnder auf ihn an. Ich fragte im Tierheim. Ich fragte im Krankenhaus. Ich fragte bei der Polizei. Ich klebte meine Suchmeldungen an Bäume, Zäune und Mauern, an den Eingang zur Stadtbibliothek »Bodo Uhse«, an den Eingang zum Sexshop »Beate Uhse«, ans Schwarze Brett der evangelischen Kirche St. Annen und aus Proporzgründen auch ans Schwarze Brett der katholischen Kapelle St. Benno, gleich neben die vergilbten Zettel mit den Öffnungszeiten.
Selbstverständlich trug unser geliebter grauer Tiger ein Halsband mit seinem Namen und seiner Telefonnummer. Warum rief der ehrliche Finder nicht an?
Wir wagten gar nicht, unsere dunklen Ahnungen auszusprechen. Ein Halsband, das bei jedem Hund seinen Zweck erfüllt, eignet sich für freilaufende Kater nur bedingt! Ein Halsband ist jeder Katze ein Ärgernis; es beengt sie, es behindert sie, und wenn es ganz dumm kommt, bleibt sie beim Klettern am Spalierobst hängen und stranguliert sich nach allen Regeln der Kunst.
Dieses tödliche Risiko hatte Elfie mir mehr als einmal ausgemalt. Ausdrücklich hatte sie mich hingewiesen auf

die Möglichkeit, unseren Trolli mit einem dieser neumodischen Mikrochips zu kennzeichnen. Jeder Tierarzt ist fähig und bereit, so einen Chip mittels Spritze in die Rückenmuskulatur des Katers einzupflanzen. Jeder Chip hat eine spezielle Code-Nummer, die ist beim Tierarzt registriert und läßt sich über einen speziellen Zentralcomputer in der Schweiz jederzeit abrufen. Das alles hört sich schrecklich kompliziert an, ist aber ganz einfach. Der Tierarzt drückt dem Besitzer einen speziellen Katzenpaß mit Codenummer in die Hand, diese Nummer macht die Polizei im Fall des Falles mit einem speziellen Lesegerät sichtbar, das ist es dann schon. Wer ein paar Mark mehr ausgeben will, kann seinem Liebling sogar einen Mikrosender einbauen lassen.

All das hatte ich versäumt.

Elfie warf mir vor, ich hätte diese technische Aufrüstung mit voller Absicht hintertrieben, schuld wäre mal wieder mein sagenhafter Geiz. Beide träumten wir schlecht: von Jägern, die nicht lange fackeln, wenn ihnen wildernde Rassekatzen vor die Flinte kommen, von Rumänen und Kroaten, die als Katzenfänger bei der Rheumadeckenindustrie die schnelle Mark machen oder das vietnamesische Restaurant Bahnhof's Gaststätte einschlägig beliefern.

Reichlich spät fiel mir ein, warum der ehrliche Finder, wenn es ihn denn geben sollte, gar nicht anrufen konnte. Die Telefonnummer auf dem Katzenhalsband stimmte überhaupt nicht mehr! Es war die alte.

Sie war unaktuell und ungültig.

Die Telekom hatte bei uns inzwischen eine nagelneue

Fernsprechanlage installiert mit ISDN und allen Schikanen.
Elfi machte mir heftige Vorwürfe, weil mir diese schlichte Erkenntnis nicht früher gekommen war. Ich versprach ihr, die Scharte schleunigst auszuwetzen und ließ eine großformatige Annonce in die Zeitung einrücken, mit Farbfoto, neuer Telefonnummer und einem Text, aus dem hervorging, wie unsagbar viel uns unser kleiner grauer Ausreißer bedeutete.
So eine Luxusannonce ist nicht billig, schon gar nicht, wenn man davon überzeugt ist, daß sie sowieso sinnlos ist, weil gar keine reelle Hoffnung mehr besteht.
Dieser gottverdammte Kater machte, auch in seiner, wahrscheinlich finalen, Abwesenheit noch reichlich Kosten und Mühe. Reichte es denn nicht, daß er mich jahrelang gedemütigt hatte, indem er mich ignorierte und seine Schmeicheleinheiten für Elfie aufsparte, die ihn verwöhnte mit ebenso abwechslungsreicher wie leckerer Fertignahrung: Fleischtöpfchen mit leckerem Kaninchen oder saftigem Herz! Leckerer Katzenschmaus mit Huhn, Gans, Truthahn und Ente! Feines Geschnetzeltes mit leckerer Poularde! Leckere Kitbits mit Seelachs und Forelle! Leckere Hasenhäppchen in feinem Aspik, leckere Brekkies, mit leckerem Käse abgerundet! Und selbstverständlich hielt Elfie für ihn zu jeder Tages- und Nachtzeit ein paar leckere Katzinis bereit. Als leckere Zwischenmahlzeit.
Möglicherweise war es nicht ganz fair gegen Elfie, aber ich begann immer öfter laut darüber nachzudenken, ob wir uns nicht vielleicht einen neuen Kater zulegen soll-

ten; vielleicht aber, um keine traurigen Erinnerungen heraufzubeschwören, nicht unbedingt wieder einen Norweger, vielleicht einen Russisch-Blau, einen Sibirier, einen Perser oder Siam. Elfie jedoch wies den Gedanken weit von sich, nannte mich ein treuloses Subjekt und sprach drei Tage nicht mir.

Bis das Telefon klingelte.

Ich nahm den Hörer ab: »Hier ich, wer dort?«

»Hier ist der Finder«, sagte eine heisere, norddeutsche Stimme.

»Worum geht's, Herr Finder?«

»Mein Name ist Kreikebohm ...«

»Ja, wie denn nun – Finder oder ...?«

»Kreikebohm! Ich wollte bloß Bescheid sagen: Hier ist der ehrliche Finder ...«

»Wie bitte? Der waaas? Der ...? Ach der! Unser Kater ist bei Ihnen, wollten Sie das damit sagen?«

»Ja.«

»Elfi!« Mir schlug das Herz bis zum Adamsapfel. Mir rasten kalte Schauer über den Rücken.

»Elfi, komm schnell! Elfiii! – Sie haben ihn gefunden«, brüllte ich ins Telefon, »Sie haben ihn gefunden...«

»Man kann auch sagen: gerettet. Und wir hatten, ehrlich gesagt, ein paar Auslagen ...«

Aha, ach so, daher wehte der Wind!

»Über den Finderlohn werden wir uns schon einig, Herr Kreikebohm!«

»Wissen Sie, das war nämlich so ...«

»Keine Einzelheiten! Wo wohnen Sie, wie lautet Ihre werte Adresse?«

Es war nicht weit, zehn Minuten mit dem Auto.
»Hier ist er, der Unglücksrabe«, sagte Frau Kreikebohm und hob unseren guten, alten Streuner aus dem Sessel. Überglücklich nahm Elfie ihn in Empfang. Seine Wiedersehensfreude hielt sich in Grenzen. Erkannte er uns überhaupt? Er rollte sich auf Elfies Schoß zusammen und schloß die Augen. Sein linkes Bein war geschient, und wie es aussah, genoß er sein Leben als Rekonvaleszent in vollen Zügen.
»Die Halbstarken«, sagte Kreikebohm, »waren mit dem Knüppel hinter ihm her, Punker oder Skinheads oder Rapper, solche Leute, nee, was sind das bloß für Menschen! Die hab ich weggejagt, und dann sind wir gleich zum Tierarzt gegangen.«
Elfie, begeistert von Kreikebohms Zivilcourage, gab ihm einen dicken Kuß auf seine Stoppelwange.
»Tausend Dank«, sagte ich, »Sie können sich gar nicht vorstellen, wie uns zumute war. Wir hatten das Schlimmste befürchtet: fernöstliche Nationalitätenküche, wenn Sie verstehen, was ich meine, Kätzchen im Römertopf!«
Die Kreikebohms nickten verständnisvoll.
»Selbstverständlich«, sagte ich, »übernehmen wir außer dem Finderlohn auch die Tierarztkosten...«
»Finderlohn«, sagte Kreikebohm, »das muß nicht sein, aber der Tierarzt, der hat richtig Geld gekostet, erst mal für das gebrochene Bein, und dann war da ja noch die Operation.«
»Die Operation?« fragte Elfie. »Was für eine Operation, Herr Kreikebohm?«
»Wenn Sie sich nicht gemeldet hätten«, druckste Frau

Kreikebohm herum, »dann wäre Ihr Kater ja bei uns im Haushalt geblieben ...«
»Klar«, sagte Elfie.
»... und wir wollten doch nicht«, ergänzte Herr Kreikebohm, »daß er wieder wegläuft!«
»Klar«, sagte Elfie, kapierte aber überhaupt nicht die Tragweite dieser ungeheuerlichen Andeutung.
Ich hielt mir beide Ohren zu.
»Wir haben uns gedacht", erklärte Kreikebohn, der ehrliche Finder, „wenn wir schon mal beim Tierarzt sind, dann wird er auch gleich kastriert.«

Pardon wird nicht gegeben

Von meinem Opa hatte ich einen kleinen Garten geerbt, mit einer hölzernen Laube drauf und einem prähistorischen Geräteschuppen.
Eigentum verpflichtet, darum ließ ich mich tatsächlich ein auf ein paar landwirtschaftliche Versuche mit Schnittlauch und Petersilie.
Leider ohne Erfolg.
Die kleine Wühlmaus durchkreuzte meine großen Pläne.
Zu diesem Thema hat Alfred Brehm in seinem Standardwerk Brehms Tierleben schon vor mehr als hundert Jahren das Wichtigste geschrieben. »Wenn die Wühlmaus«, schreibt er, »sich einmal eingenistet hat, geht sie freiwillig nicht eher weg, bis sie alles Genießbare aufgefressen hat.«
Als ich das gelesen hatte, stellte ich meine Gartenarbeit

sofort und für immer ein und legte mich in die Sonne. Denn Nichtstun ist immer noch besser, als mit großer Mühe nichts schaffen.
Dann tauchte ein neuer Gartennachbar ein, ein Mann namens Rohlinger, dem die Großstadt zur Last geworden war. Er wollte unbedingt zurück zur Natur und hatte schon seit Jahren ein Grundstück im Grünen gesucht. Ein Makler hätte ihm auch schon mal war Preiswertes angeboten, was Erschwingliches, ausgesprochen Billiges, ein Schnäppchen geradezu, leider ungünstig gelegen. Nicht bei Berlin, sondern in der Mongolei.
Mein neuer Gartennachbar war groß und stattlich, und er wuchs, wie sich herausstellte, immer noch. Allerdings nicht oben und unten, dafür umso stärker in der Mitte. Seine Hose war sein engster Freund.
Entschlossen krempelte er die Ärmel hoch, griff zu Axt und Spaten, streckte ein paar alte, morsche Pflaumenbäume nieder, buddelte im Schweiße seines Angesichts den ganzen Garten um und säte Rasen an.
Voller Hoffnung steckte er Krokusse und Märzenbecher und fieberte einen Winter lang dem Frühjahr entgegen. Der Schnee schmolz, doch Rohlingers sehnlichst erwartete Frühblüher glänzten durch Abwesenheit. Mit bloßen Händen grub er verzweifelt nach seinen Blumenzwiebeln und ... fand keine einzige wieder.
Nun erst fielen ihm ein paar Besonderheiten des Geländes auf: Risse und schrundige Aufwölbungen, die sich unter der Erdoberfläche wie auf einem Schnittmusterbogen in abenteuerlichen Kurven hierhin und dorthin zogen.

»Herzlichen Glückwunsch zur Wühlmaus!« rief ich.
Rohlinger stellte Fallen auf.
Die Wühlmaus legte Umleitungen an.
Rohlinger schickte seinen Dackel vor.
Als der Schaden, den dieser anrichtete, die Wühlmausschäden überstieg, nahm sein Herrchen ihn aus dem Rennen.
Rohlinger planierte die Landschaft und versuchte es mit dem Anbau von Radieschen. An allen Ecken und Enden des weitverzweigten Wühlmausverkehrsnetzes legte er ein tödlich wirkendes Antiwühlmauspräparat aus, ein Fraßgift der Abteilung drei nach dem Bundesschädlingsbekämpfungsgesetz.
Wie viele Wühlmäuse es hinraffte, kann ich nicht sagen. Ich weiß aber, daß noch am selben Abend sein Dackel eines qualvollen, grauenhaften Todes starb.
Von Wut und Trauer übermannt, beschloß Rohlinger, die Wühlmaus als das zu bekämpfen, was sie war: der Hauptfeind des deutschen Kleingärtners! Er betrat seinen Garten nur noch bewaffnet mit einer Kleinkaliberbüchse.
Der Feind jedoch blieb feige in der Deckung.
Rohlinger kaufte einen größeren Posten Wühlmausgaspatronen auf. Tapfer kämpfte er bis zur letzten Patrone.
Die Wühlmaus aber baute ihr Gangsystem unverdrossen immer weiter aus. Rohlinger parkte seinen alten Opel Corsa mitten auf dem Rasen, ließ den Motor laufen und leitete über einen Schlauch die todbringenden Abgase geschickt in die Wühlmausgänge ein.
Zum ersten mal erzielte er Wirkung!
Und zwar an seinem Auto.

Sein Opel Corsa trug schwere Schäden am Vergaser davon.
Rohlinger, von seinen Mißerfolgen berauscht, besorgte sich einen Kanister Diesel. Flächendeckend verdieselte er alle Wühlmausgänge. In die Löcher stopfte er dieselgetränktes Zeitungspapier und zündete es an. Dazu drohte er dem Feinde siegesbewußt mit der Faust.
Leider stand der Wind nicht günstig.
So wurde seine Laube ein Raub der Flammen.
Mit diesem Brandopfer begann sein unaufhaltsamer sozialer Abstieg.
Seine Freundin, die er zugunsten der Wühlmaus stark vernachlässigt hatte, verließ ihn für immer.
Seine Frau, die er zugunsten seiner Freundin stark vernachlässigt hatte, reichte die Scheidung ein.
Sein Chef verpaßte ihm die zweite Abmahnung und kündigte ihm die dritte schon immer an.
Der einst so stattliche Rohlinger war vom Fleische gefallen. Er war nur noch Haut und Knochen.
Doch er gab nicht auf!
Aus dunklen terroristischen Quellen beschaffte er sich zehn Kilo Dynamit und sprengte den Garten komplett in die Luft.
Neulich traf ich ihn.
Er ging an Krücken, und sein rechter Arm war wegen Verbrennungen dritten Grades bis zum Ellbogen hoch bandagiert.
Der Mann war total fertig. »Frau weg, Freundin weg, Dackel tot, Auto kaputt!« klagte er.
Von dieser elenden Crash-Parzelle habe er endgültig die

Nase voll. Und nun hat ihm der Verpächter auch noch mit dem Hinweis auf neue Bestimmungen die Pacht erhöht.
Auch das noch.
Rohlinger will nicht bezahlen.
Kann er auch gar nicht.
Denn inzwischen ist er seine Arbeit los.
Die steigenden Pachten können ja sogar Leute nicht bezahlen, die so schlau waren, sich auf den Kampf gegen die Wühlmaus gar nicht erst einzulassen. Rohlinger will lieber heute als morgen das Grundstück abstoßen. An Absender zurück!
Doch selbst das ist nicht billig; denn vorher, sagt der Verpächter, soll er es in den ursprünglichen Zustand zurückversetzen.
Sonst kriegt er eine Klage an den Hals.
Rohlinger hat dem nur wenig entgegenzusetzen, nur das Verdienst, die Wühlmaus ausgeräuchert und vernichtet zu haben.
Dies möchte er allen Ernstes dem Verpächter als geldwerten Vorteil in Rechnung stellen.
Der läßt natürlich gar nicht mit sich reden. Der hat nämlich auch Brehm gelesen und weigert sich, zu glauben, daß die Wühlmaus tatsächlich vernichtet ist.
Ehrlich gesagt, ich glaube das auch nicht!
Für mich steht fest: Der Mensch kann Wölfe besiegen. Auch Bären. Tiger und Löwen. Sogar wilde Elefanten. Nicht aber die Wühlmaus.
Die Wühlmaus, Freunde, ist für ihn einfach ein paar Nummern zu groß.

Selbst ist der Mann, von der Frau ganz zu schweigen

Wenn die Leute mein Häuschen sehen, sind sie immer ganz aus demselben. Und wenn sie hören, daß ich alles ganz allein gemacht habe, verneigen sie sich und rufen im Chor: »Kompliment, Meister! Sie sind der Mann mit den goldenen Händen.« Dann gehen sie auseinander, kehren aber noch am selben Abend einer nach dem andern zurück und flüstern im Schutze der Dunkelheit: »Wann kommen Sie zu mir? Ich zahle dreißig Mark die Stunde.«

Dreißig Mark sind auf den ersten Blick sehr wenig, verglichen mit dem dreistelligen Stundenlohn, den ein preiswerter Handwerker heutzutage kassiert. Doch es ist immerhin netto, ohne Abzüge, ohne Steuern, und man möchte sich ja nicht gerne Redlichkeit nachsagen lassen, solange die politische Klasse neunstellige Bestechungssummen für Exportpanzer einsackt.

Nun verhält es sich durchaus nicht so, daß mir ein gütiges Geschick die goldenen Hände in die Wiege gelegt hätte, im Gegenteil. Ich bin eines der letzten Opfer des humanistischen Gymnasiums. Schon im Kindesalter hatte ich aufgeschnappt, daß Schillers Karl Moor sich als Selbsthelfer begreift, wußte mir als Erwachsener aber in praktischen Dingen lange Zeit selbst nicht zu helfen. Nach Abschluß der Schule hatte ich nicht viel mehr zu bieten als tausend Fremdwörter, ein paar englische Redensarten und zwei linke Pfoten.

Dann kriegten wir die Zwillinge.

Meine kleine Familie wurde größer, meine kleine Wohnung zu klein. Auf dem Wohnungsamt vermittelte mir eine nette ältere Wohnraumlenkerin ein schmuckloses Einfamilienhaus, das wenigstens dreimal so alt war wie sie selbst und mehr als viermal so baufällig.
Der Charme des Hauses bestand darin, daß Johann Wolfgang Goethe im Sommer 1794 die vage Absicht geäußert hatte, außer Berlin auch Pankow zu besuchen und daß er, wäre er tatsächlich angereist, in diesem Hause abgestiegen wäre. Dieser Prominentenbesuch hätte ein welthistorischer Besuch werden können, fand aber leider nicht statt. Goethe weilte nie in Pankow, und der Denkmalschutz diskutiert noch heute kontrovers die Frage, ob an der Fassade eine goldene Goethe-Gedenktafel angebracht werden sollte oder nicht. Soviel in aller Kürze über das noble Gebäude, das unsere Gönnerin uns zugewiesen hatte.
»Könnse mauern?« fragte sie.
»Nur beim Skat«, sagte ich. Ein Kalauer, gewiß, doch im weitesten Sinne auch unterbewußt ein Hinweis auf die in mir schlummernden handwerklichen Talente.
»Und ich behaupte einfach mal: In Ihnen steckt auch ein Tischler.«
»Richtig«, sagte ich, »und zwar ein Stammtischler.«
»Na bitte!« frohlockte sie. »Und wenn alle Stricke reißen, ist die KWV ja auch noch da.«
Die KWV, die Kommunale Wohnungsverwaltung, erwähne ich nur aus Rache, weil sie mir mit Handwerkern nicht dienen konnte oder wollte. Das verbitterte mich so sehr, daß ich ihnen anonym eine selbstgeschriebene, staats-

feindliche Betriebshymne zusandte, sie begann mit den Worten »Einverstanden mit Ruinen ...«
Dann machte ich mich auf die Tippeltappeltour von Handwerker zu Handwerker und klingelte hoffnungsvoll auch bei Malermeister Panehl, der vor Jahren meine Wohnung tapeziert hatte.
»Tut mir leid«, sagte die Meisterin, »er ist praktisch gar nicht mehr praktisch tätig, er hält bloß noch Heimwerkervorträge bei der KWV.«
»Sehnse«, rief ich, »Mundwerk hat goldenen Boden!«
Die Meisterin lachte so ranschmeißerisch, daß ich wußte: Gleich kommt noch was. »Ich hätte«, sagte sie mit reizendem Lächeln, »eine kleine Bitte. Könnten Sie mir vielleicht nächste Woche meine Küche malern?«
Es gibt Dinge, die kann ich Frauen nicht abschlagen, Malern bei Malern gehörte damals noch nicht dazu.
Nun stand ich also da mit einem Haus, das um ein Haar von der deutschen Klassik angehaucht worden wäre, und ging mit mir zu Rate. Dies oder das, sagte ich mir, könntest du ohne fremde Hilfe vielleicht doch schaffen, zum Beispiel einziehen.
Vom geglückten Umzug ermutigt, wagte ich probehalber ein paar Experimente. Malern, dachte ich mir im stillen, kann doch so schwer nicht sein, deine Frau beherrscht es ja auch, die leistet vor dem Spiegel mehr als Baselitz und Willi Sitte an der Staffelei.
Ich strich erst mal die Fenster – mit einem überraschenden Ergebnis: Ich sah plötzlich nicht mehr durch. Heute weiß ich, was falsch war. Ich hätte die Rahmen streichen müssen!

Ich stieg aufs Dach, um den historischen First unter die Lupe zu nehmen, doch wie sagt schon der Volksmund: Gehe nie zu deinem First, wenn du nicht gerufen wirst! Kurz, ich kam ins Rutschen und konnte nichts mehr machen als eine kurze Mitteilung.
Beim Passieren des Küchenfensters teilte ich meiner Frau im Telegrammstil die Besuchszeiten der Heimwerkerklinik mit, wo ich in den folgenden Wochen und Monaten auf Kosten der Krankenkasse die gesammelten Werke der Do-it-yourself-Literatur studierte: das Einmaleins des Mauerns, des Malerns, der Klempner-, Glaser-, Dachdecker- und Fliesenlegerarbeiten. Gern hätte ich promoviert über das Thema »Die sozialistische Putzkelle und das wissenschaftlich-technische Glätten des Rauhputzes«, dummerweise hatte die Klinik kein Promotionsrecht.
Aber Titel bedeuten mir ohnehin nicht viel.
Ein wohliges Gefühl der Freiheit stellte sich ein. Ich hatte mich, wie vor mir schon so viele, störfrei gemacht von ausnahmslos allen Gewerken.
Mir kann keiner – mich könnse alle! Das war mein Schlachtruf. Lange genug war ich hinter ihnen hergelaufen, und dunkel ahnte ich, daß bald sie hinter mir und meinesgleichen herlaufen würden. Erstens, weil ein Volk von Heimwerkern kaum noch Handwerker braucht, zweitens, weil es sich in Fachkreisen längst herumgesprochen hatte, wie beispiellos sauber wir arbeiten, und drittens, weil der vierzigjährige Bummelstreik neunundachtzig von einem Tag auf den anderen zu Ende war.
Auch wenn es die deutschen Medien nur ungern zur

Kenntnis nehmen, daß ich der totalitären DDR irgendwas, und sei es nur eine Kleinigkeit, verdanke, gebe ich hiermit in aller Form bekannt, daß ich der totalitären DDR meine goldenen Hände verdanke. Es liegt mir fern, mich in der trüben Brühe der Ostalgie zu suhlen, aber Tatsache ist: Heute erst kommen in den fünf neuen Imbißbudenaufstellflächen meine goldenen Hände so recht zum Tragen.

Der pleitengeschüttelte Mittelstand fleht und bettelt um Aufträge. Laß ihn flehen, sag ich mir. Am liebsten hätten sie ein Gesetz, das Renovierungsmuffeln Zwangsreparaturen und Zwangsinstandhaltung vorschreibt. Auch mir laufen sie die Bude ein. Aber ich als Heimwerker habe Nullbedarf. Neulich war der Herr Malermeister Panehl da. »Ich hätte da zufällig noch ein paar Termine frei«, sagte er demütig. »Darf ich Ihnen nächste Woche die Küche malern?«

»Um Himmels willen«, rief ich, »an meine Küche laß ich keinen ran, einen Malermeister schon gar nicht!«

Rundumschutz für Muchalski

Es klingelte Sturm an der Wohnungstür, und Muchalski dachte natürlich: die Kinder.

Er öffnete, und zu seinem maßlosen Erstaunen überschritt ein ihm völlig unbekannter dicker Mann in brombeerfarbenem Sakko unaufgefordert die Schwelle. Wie eine Legitimation trug er sein elegantes Diplomatenköfferchen vor sich her. »Einen wunderschönen Tag, mein

Freund!« rief er und marschierte unaufhaltsam durch in die gute Stube.
Zögernd folgte ihm Muchalski.
Der Fremde setzte sich, öffnete den Aktenkoffer, entnahm ihm allerlei eindrucksvolle Formulare und Papiere und sortierte sie mit bedeutenden Gesten vor sich auf den Tisch. Dann rieb er sich unternehmungslustig die Hände: »So, mein Freund, dann wollen wir mal! Das Wort Freund übrigens ist nicht nur so ein Dahergerede. Ich bin wirklich und wahrhaftig Ihr bester Freund; wären Sie nicht zufällig Sie, sondern Ihre liebe Gattin, dürfte ich wohl sagen: Ihr Hausfreund. Aber im Ernst: Versichert sein, bannt Sorgen, du fühlst dich wohlgeborgen, verzeihen Sie das plumpvertrauliche Du. Einen Hund halten Sie nicht zufällig, Herr Muchalski?«
Muchalski schüttelte nur stumm den Kopf.
»Gut, schön, wunderbar. Also, um alle Klarheit restlos zu beseitigen: Ich bin der Herr Dausendschön, Ihr neuer Kundenbetreuer von der Homburg-Pforzheimer, was sagen Sie nun? – Nein, sagen Sie noch nichts! So wörtlich war das nicht gemeint. Denn jetzt fangen wir gleich an! Darf ich Ihnen zunächst ein Kompliment machen, Herr Muchalski, ohne Schmus und ohne Schleimspur. Wenn ich mich so umschaue in Ihrem Heim, alle Achtung! Eingerichtet sind Sie piko-piko, bello-bello, gut und gern hundertachtzigtausend Mark, unter Brüdern. Eine Augenweide! Hoffen wir, daß Sie immer nur Freude daran haben, Freude, nichts als Freude.«
Muchalski kam sich allmählich vor wie ein Kleindarsteller in einem schlechten Film.

»Sie schauen mich treuherzig an, mein Freund. Sie sind Optimist. Aber wie sieht's denn aus: Heute ist Ihre heile Welt noch heil, morgen aber stellt sich vielleicht schon ein Großschaden ein. Schwarze Wolken am Firmament, Wetterleuchten, Donnergrollen, und plötzlich wie aus heiterem Himmel ein ...«
Der zum Schweigen verurteilte Muchalski klatschte sich verzweifelt die flache Hand vor die Stirn.
»Ein Blitz, genau! Aber fürchten Sie nichts, im Fall eines Blitzschlags greifen wir Ihnen vertrauensvoll unter die Arme. Wir warten ja nur darauf, daß der Blitz einschlägt. Was ist Blitzschlag? Blitzschlag ist der Übergang des Blitzes auf die versicherte Sache. Oder nehmen wir Erdbebenschäden, Sturmschäden, Orkanschäden, Taifunschäden, Hurrikanschäden, Blizzardschäden! Unverhofft kommt oft! Ein Blick ins Fernsehen reicht. Mit des Geschickes Mächten ist nicht zu spaßen, und zwar in keinster Weise. Als neulich auf dem Balkon die Erde bebte... Moment! Balkon? Sagte ich Balkon? Als neulich auf dem Balkan die Erde bebte, da wackelten die Wohnraumleuchten auch bei uns in Schöneberg. Ein einziger Kurzschluß, und wir hätten hier das herrlichste Großfeuer haben können. Wie schnell handelt man sich so ein Schadensfeuer ein. Sie gehen bloß mal kurz aus mit ihrem Frauchen. Die war grade beim Bügeln gewesen und vergißt, den Stecker rauszuziehen. Und Sie stellen noch die bohrende Frage: Hast du das Plätteisen abgestellt, Schnurzi? Die sagt ja, hätte aber sagen müssen: Nein, leider nicht! Und dann sieht man nur noch die Trümmer rauchen, der Rest ist nicht mehr zu gebrauchen. Ist es nicht

so? – Bitte, unterbrechen Sie mich nicht! Wenden wir uns erfreulicheren Dingen zu. Gehen wir vom Positiven aus. Sie haben Kinder. Dafür habe ich vollstes Verständnis. Spielsachen noch und nöcher. Ein Teddy auf dem Sofa, ein Gameboy auf der Kommode, in der Ecke eine elektrische Eisenbahn für Vati, schon weiß ich: Es sind Kinder im Haus. Ach, die Kinder! Noch sind sie klein. Doch sie wachsen heran, das Große bleibt groß nicht und klein nicht das Kleine. Eines Tages gehen sie zur Disko, und neun Wochen später: tamtamtamtam – tamtamtamta, tamtataramtatatamtaratata! Hochzeitsmarsch von Neubukow. Darum ein heißer Tip, mein Freund: Hochzeitsversicherung! Heiraten die Kinder, gut, kriegen sie Geld raus! Heiraten sie nicht, auch gut, kriegen sie auch Geld raus. Na, das ist doch eine feine Sache, oder?«

Blitzschnell machte Muchalski den Mund auf.

»Moment!« sagte der Mann im brombeerfarbenen Sakko. »Ich bin gleich fertig. – Wo waren wir stehengeblieben? Ach so, ja! Sie sind jung, ein Mann voller Saft und Kraft, sie könnten Bäume und Sträucher ausreißen, Sie leben für den Augenblick, Jugend ist Trunkenheit ohne Alkohol. Aber! Machen wir uns nichts vor. Man kann gar nicht so dumm denken, wie es manchmal kommt. Ich könnte Ihnen zum Beispiel eine Kinderschutzversicherung anbieten: zweihunderttausend Mark bei dauerndem Körperschaden plus fünftausend Mark Bestattungsbeihilfe. Es wird mir nicht leicht, über diese traurigen Dinge zu sprechen, glauben Sie das ja nicht. Aber was sein muß, muß sein, Hauptsache, man behält den Humor, hab ich nicht recht? Nun fuchteln Sie mir doch nicht dauernd mit Ihren Pfoten vor der Brille rum! – Sehen Sie, jetzt haben Sie mich aus dem Konzept gebracht! Herzlichen Glückwunsch, das hatte bis heute noch keiner geschafft gehabt. Der Faden ist weg. Wie abgeschnitten. – Wie gesagt, ich will nicht schwarzmalen, aber man muß der Sache doch irgendwie realistisch ins Auge schauen. Der Tod ist gewiß, die Stunde ungewiß, das ist Fakt. Ob Sie rauchen oder nicht, kein Doppelkorn, keine Weiber nebenbei, alles gut und schön. Heute stehen Sie noch da wie 'ne deutsche Eiche, schlußendlich aber gehn Sie ab wie 'ne deutsche Fliege und machen die Mücke.«

Muchalski räusperte sich. In hartem Kampf gegen Bossing, Mobbing und Intrigen hatte er sich in der Branche hochgearbeitet vom Orga-Leiter über die Position des Bezirksdirektors bis rauf zum Regionalleiter, und nun das! War er nicht Manns genug, diesen Sülzkopp von der Homburg-Pforzheimer zum Schweigen zu bringen?

»Schauen Sie kurz aus dem Fenster hinaus«, rief Herr Dausendschön. »Was sehen wir? Wir sehen: Das Leben ist lebenswert. Die Lerche singt. Wider besseren Wissens denken Sie: Alles in Butter. Weiter denken Sie nicht. Aber wennse tot sind, denn stehnse da! Ohne Vertrach! Denn komm'se anjeloofen bei Ihre liebe Versicherung, aber denn isses zu spät. Leider! Der Fußballtrainer vom FC Sangerhausen, der war schlauer jewesen! Vorjestern abjeschlossen, jestern tödlich verunfallt, heute erhält er von uns eine Million bar auf die Hand!«

»Hören Sie«, sagte Muchalski.

»Gleich sind Sie dran, okay? Sie wissen, warum unsere Bundesstraßen Verkehrsadern heißen, nicht wahr, das wissen Sie doch. Weil Blut in ihnen fließt! Drum! Nichtsdestotrotz nehmen sie jeden Tag teil am Straßenverkehr ...«

»Allerdings«, sagte Muchalski.

»Herr Muchalski! Nun lassen Sie mich doch endlich auch ein einziges Mal kurz zu Wort kommen! – Wo war ich stehengeblieben? Ach so, ja. Glauben Sie mir, für Sie ist der Rundumversicherungsschutz das einzig Richtige: Haftpflicht, Leben, Auto, Hausrat, Rechtsschutz und die Unfallversicherung mit allem Drum und Dran – gegen Innenraumvandalismus und Marderbiß! Der Unfall lauert überall. Unfall, Herr Muchalski, das sagt man gedankenlos einfach so. Aber was steckt dahinter? Was überhaupt ist ein Unfall?«

»Das«, erklärte Muchalski mit bebender Stimme, »werde ich Ihnen gleich sagen!« Mit beiden Händen raffte er die Papiere vom Tisch, schmiß sie in den Aktenkoffer, knallte diesen zu und drückte ihn Herrn Dausendschön in die Hand.

»Ein Unfall«, sagte Muchalski mit Betonung, »ist ein plötzliches, von außen einwirkendes schädigendes Ereignis, das unfreiwillig eine Körperschädigung oder den Tod des Versicherten zur Folge hat.«

Herr Dausendschön, ein gebrochener Mann in brombeerfarbenem Sakko, wankte hinaus. In der Tür drehte er sich noch einmal um und starrte Muchalski finster an.

»Na, Sie sind mir vielleicht'n Kunde, Herr Kollege«, sagte er, »Sie hätten doch wirklich einen Ton sagen können.«

Alles gesund im Krankenhaus

Gesundheit ist das zweithöchste Gut, und zwar gleich nach einer überraschenden, an ein Wunder grenzenden, dreistelligen Millionen-Erbschaft.

Gesundheit war in meinem Freundeskreis nie ein Thema, Gesundheit war der Rede nicht wert, die hatte man einfach, keiner verschwendete einen Gedanken daran, daß sich das irgendwann vielleicht einmal ändern könnte. Wir strotzten nur so vor Gesundheit, besonders Quaschnick, der eine unverschämte Rotwangigkeit ausstrahlte. Bei einer Reihenuntersuchung attestierte ihm der Doktor, der jeden Spaß mitmachte, eine geradezu ansteckende Gesundheit.

Nie hat sich einer über unsere erstklassige körperliche Verfassung gewundert. Darüber mußte sich auch keiner wundern; denn Deutschland hat das beste Gesundheitssystem der Welt. Hierzulande sind alle nur denkbaren Krankheiten auf dem Rückzug, fast könnte man sagen, auf der Flucht. Ein Unternehmer braucht bloß anzukündigen, er werde demnächst zehntausend Mitarbeiter entlassen, schon schnellt der Gesundheits-Dax nach oben, und der Krankenstand sinkt im freien Fall unter Null.

Für den Onkel Doktor ist das allerdings kein Grund zur Freude; völlig gesunde Patienten sind, fürchte ich, das Letzte, was geschäftlich erfolgreiche Ärzte ersehnen. Daß sie bei dieser Lage der Dinge nicht in die Erwerbslosigkeit abstürzen, sondern immer noch reichlich Grützbeutel, Leistenbrüche und Zirrhosen behandeln dürfen, verdanken sie allein der überbordenden Flut von Gesund-

heitslexika, Aufklärungsschriften, Anleitungen zur SB-Operation, Vorbeugungs- und Nachsorge-Broschüren, deren Wahnsinns-Auflagen die schöngeistige Literatur ebenso wie das nichtmedizinische Sachbuch aus deutschen Bücherschränken restlos verdrängt haben.
Was andere Leute dazu treibt, schwindelerregende Summen für solche Drucksachen auszugeben, kann ich nicht sagen. Ich weiß nur: Bei Quaschnick waren es die Rätsel des Haarausfalls.
Sein anmutig gewelltes, strahlend goldblondes Haupthaar war von Jugend auf sein ganzer Stolz gewesen. Speziell darauf führte er seinen irrsinnigen Erfolg beim weiblichen Geschlecht zurück. »Ich könnte Weiber haben wie Sand am Meer«, pflegte er zu sagen, »wenn sie nur wollten!«
Mannhaft schwieg er lange Zeit über seinen sich stetig lichtenden Scheitel, doch eines Tages brach es überraschend aus ihm hervor: »Woher kommt das denn bloß?« rief er verzweifelt. »Du stehst als leidlich gesunder Mensch vor dem Spiegel und mußt mit ansehen, wie sich deine Frisur verdünnisiert!«
Jahrelang hatte er sein Haar solide nach achtern gekämmt, doch als die Geheimratsecken sich einstellten, begann er versuchsweise, es halbschräg nach vorn rechts oder halbschräg nach vorn links zu kämmen und entschied sich schließlich dafür, die kläglichen Reste konsequent über der Stirn zusammenzuballen.
Er ließ sich das Haar nach Art der Skinheads schneiden, aber nicht mit politischen Hintergedanken, sondern in der Hoffnung, die Kahlstellen mit neuem Leben zu erfüllen.

Der erhoffte Effekt blieb aus, darum ließ er alles wieder wachsen, wie es wollte. Er sagte sich: Je länger das Haar, desto mehr freie Stellen kannst du flächendeckend überkämmen.
Er versuchte das Unheil durch Anwendung von Birkenhaarwassern, Antiseborrhoika und Heilshampoos zu stoppen. Solche Mittelchen stärken die Zuversicht, doch leider ist bis heute kein Fall bekannt geworden, daß einschlägige Wünsche wahr geworden wären.
»Wenn du Schwein hast«, klagte Quaschnick, »ist die Wirkung gleich null!« Er hätte, sagte er, leider den fatalen Eindruck, seine Haare wären infolge der Anwendungen sogar verstärkt abgängig.
Vielleicht sollte ich erwähnen, daß ich mich als Vertrauensperson unter anderem deshalb eigne, weil ich selbst mit einer Glatze gesegnet bin. Im Gegensatz zu Quaschnick hatte ich mir diesen Mangel jedoch nie zu Herzen genommen. Ich bin immer noch der Überzeugung, daß meine Chancen bei Frauen nie besser waren als heute. »Ein Mann is'n Mann«, sagt meine Tante Minna immer, »und wenn er bloß im Bett sitzt und hustet!«
Nun ist allerdings die Verglatzung des männlichen Hauptes alles andere als ein Pluspunkt im Lebenslauf, soweit mochte Quaschnick recht haben. Jeder sieht auf den ersten Blick, daß du eine Glatze hast. Der Einzige, der das nicht wahrhaben will, bist du selbst.
Sobald sich in der herbstlichen Botanik die Blätter färben, packt dich der Neid. Warum nur, fragst du dich, hat die Natur ihre Gaben so ungleich verteilt? Daß die Haare im November ausfallen, wäre kein Grund zur Beun-

ruhigung, wenn man nur sicher sein könnte, daß sie im Mai alle wieder dran sind.

Wie gesagt, ich war drüber weg und versuchte, auch Quaschnick zu trösten. Eine hohe Stirn, sagte ich, sei durchaus keine Krankheit, Glatze sei männlich, Glatze sei sexy. Ein schönes Gesicht braucht Platz, Quaschnick!

Das hörte er nicht ungern, wollte aber doch endlich auch erfahren, was die Fachleute wohl sagen.

Wissensdurst und Leichtsinn waren schuld daran, daß er sich eines Tages das 'Vademekum Gesundheit' kaufte. Es war nicht billig und mehr als dreihundert Seiten stark. Voller Ungeduld schlug er nach auf Seite hundertdreiundsiebzig: Haarausfall. Was stellte sich raus? Es stellte sich raus, daß Haarausfall ein kosmetischer Folgeschaden von Stoffwechselerkrankungen sein kann und daß es dafür sogar den lateinischen Krankheitsnamen Alopezie gibt.

Kaum hatte er das gelesen, setzte auch schon mit voller Kraft ein so rasender Kopfschmerz ein, wie er ihn bis dahin nicht gekannt hatte, ein an- und abschwellendes Stechen und Ziehen der Kopfhaut, vielleicht gar der Hirnhaut. Er nahm eine Aspirin, die den Schmerz immerhin soweit dämpfte, daß er noch ein Viertelstündchen weiter schmökern konnte in seiner Gesundheitsschwarte.

Damit fing der ganze Ärger an.

Vom Kopfschmerz gepeinigt, blätterte er zum Buchstaben G: Gehirnhautentzündung. Und schon war Schluß mit lustig. Gehirnhautentzündung ist noch schlimmer als die populäre Gehirnerschütterung; denn die Entzündung der Hirnhäute tritt nach einer Ansteckung mit Viren oder

Bakterien auf, kann aber auch durch direkte Sonneneinstrahlung hervorgerufen werden.
Dies an die Adresse der Ostler, die erst vor wenigen Jahren in den Genuß der Reisefreiheit gelangt sind. Ganze Seniorenkollektive und Reisegruppen werden an tropischen Stränden infolge extremer Sonneneinstrahlung immer wieder eine leichte Beute des Sonnenstichs. Und sie können noch von Glück sagen, wenn sie sich nichts Schlimmeres einfangen, zum Beispiel Geschlechtskrankheiten oder die übertragbare Genickstarre Meningitis cerebrospinalis epidemica, die, wenn ich mich recht entsinne, auch meinem Freund Quaschnick nicht erspart blieb.
Nabelschau hatte er nie betrieben, auch niemals hypochondrisch verbohrt in sich hinein gelauscht, das Gesundheitslexikon aber sensibilisierte ihn gleichsam über Nacht für die vielfältigen Gebrechen, die nicht nur den Körper, sondern auch den Geist des Menschen rund um die Uhr bedrohen.
Ein Mensch mit Gesundheitslexikon ist, kurz gesagt, ein ganz anderer Mensch als ein Mensch ohne Gesundheitslexikon! Ob du willst oder nicht, du fängst an, dir wissenschaftliche Gedanken zu machen, nicht nur vor dem Einschlafen, sondern auch nach dem Aufwachen. Warum, fragst du, bin ich morgens immer so müde, warum bin ich abends immer so durstig?
Beim Rasieren fiel Quaschnick eine leichte Rötung seiner Nase auf. Er schlug nach unter Röteln und machte sich vorsichtshalber auf Fieber gefaßt, das aber neununddreißig Grad nur selten übersteigt. Die Röteln ver-

liefen so harmlos und unauffällig, daß er gar nicht merkte, ob er sie wirklich hatte oder doch eher nicht.
Diese Ungewißheit kränkte ihn wie ein gebrochenes Versprechen, darum schlug er gierig nach unter Scharlach. Anschließend stellte er sich mit weit geöffnetem Mund vor den Spiegel und starrte in die unergründlichen Tiefen seines Rachens. Er wußte: Es kommt auf die Färbung an! Hellroter Rachen – alles okay. Dunkelroter Rachen, womöglich mit weißem Belag – verdächtig. Und wenn noch die charakteristische Himbeerzunge hinzukommt, na, dann herzlichen Glückwunsch!
Sein Rachen war von mittlerer Röte.
Er überlegte, ob er sich einem Arzt anvertrauen sollte, verwarf den Gedanken aber wieder. Ansteckende Krankheiten wie Grippe, Diphtherie oder Typhus, soviel war ihm bekannt, sind insofern tückisch, als der beste Arzt die Infektion, die du längst in dir trägst, gar nicht orten kann, weil sie erst in frühestens acht Tagen oder – wie die Syphilis – in acht Wochen ausbrechen wird.
»Inkubationszeit!« erklärte der sachverständige Quaschnick.
Der Scharlach blieb aus, und Quaschnick war enttäuscht. Deutete die Nasenrötung möglicherweise auf etwas ganz anderes hin? Auf einen Leberschaden etwa? Er riß sich das Hemd aus der Hose und zeigte mir seinen Leberfleck südwestlich des Nabels.
Sein Leben hatte sich von Grund auf geändert.
Er war immer so gern ins Kino gegangen, jetzt ging er lieber zum Arzt. Das Warten machte ihm nichts aus. Im Gegenteil, das Wartezimmer wurde sein liebster Aufent-

halt, stundenlang tauschte er hier mit Gleichgesinnten Symptome aus.
Sein Hausarzt Dr. Frühauf machte sich aber schon bald bei ihm unbeliebt; denn er war ein Zauderer und konnte sich nur schwer zu einem aufsehenerregenden Befund durchringen. Dabei hatte er die freie Auswahl; allein das Gesundheitslexikon stellte mehr als vierhundert Krankheiten bereit. Fehlte Dr. Frühauf die medizinische Kompetenz oder nur der gute Wille?
Quaschnick wechselte den Arzt.
Bald wechselte er die Ärzte wie die Hemden, wurde aber immer aufs neue enttäuscht.
Der eine war mit einer miesen Ausbildung aus einer der sogenannten Medizinischen Akademien der sogenannten DDR hervorgegangen, der andere war bloß Militärarzt gewesen, der dritte hatte, nach Quaschnicks Eindruck, keinen Bock auf Fortbildung.
Dr. Felsberg nahm seine Prostata nicht ernst. »Ach, die gute, alte Prostata!« scherzte er. »Die Prostata, Herr Quaschnick, ist die Achillesferse der reiferen Jugend!«
Die Verkehrspolizei strafte Quaschnick ab, weil er mit seinem Auto eine Kreuzung im Schein der roten Ampel überquert hatte. Aber Dr. Felsberg war nicht bereit, Quaschnicks Rot-Grün-Blindheit unbürokratisch als mildernden Umstand zu deklarieren, sondern überließ seinen Patienten schutzlos der Willkür des Polizeistaats.
Quaschnick fühlte sich gedemütigt.
Vor Ärger kriegte er Pickel. Er fiel von einem Ekzem ins andere, doch auch Hautarzt Dr. Bärwolf verschrieb ihm bloß eine billige, nicht rezeptpflichtige Tagescreme, leg-

te ihm vertraulich die Hand auf die Schulter und empfahl ihm von Mann zu Mann die Steigerung seiner sexuellen Aktivität.
Daraufhin streikte sein Blinddarm.
Dr. Steinert nahm ihn raus.
Dabei muß ihm wohl ein Kunstfehler unterlaufen sein; denn der Phantomschmerz, der Quaschnick seit der OP quält, ist un-er-träg-lich!
Und es ist ja nur ein Schmerz von vielen ...
Je mehr Leiden ihn heimsuchen, desto mehr muß er lesen. Und je mehr er liest, desto mehr Leiden suchen ihn heim, darunter ein sich anbahnender Schiefhals, ein Schulter-Arm-Syndrom, ein fieberhafter Schluckauf, akute Übelkeit und chronisches Unwohlsein, Diarrhoe und Logorrhoe, Geschwüre, Abszesse und Koliken, die Schaufensterkrankheit, Kastrationsängste, Blähungen und eine rastlose Wanderniere.
Besserung ist nicht in Sicht.
Quaschnicks Familie will schon lange keine Einzelheiten mehr wissen von seinen Malaisen und Gebrechen. Neulich hat er sogar geweint.
Ich bin sein letzter Freund und der einzige, der ihm noch zuhört. Mit mir spricht er sich aus über seine widerstreitenden Gefühle. Er spricht von der aufsteigenden Hitze, von den Blutungen, von seiner Brustdrüsenentzündung ...
Hurra, er hat sein erstes Frauenleiden!
»Mann, Quaschnick«, sage ich, »Nun mach aber mal'n Punkt!«
Haßerfüllt blickt er mich an.

Er findet das gar nicht ulkig: »Solche Typen wie dich, mein Schatz, die hab ich genascht!«
Nun nennt er auch mich einen ganz üblen Macho! Genau wie den Frauenarzt, der ihn gestern achtkantig rauskomplimentiert hat.

Quaschnicks Annette

Normalerweise erledige ich alles mit dem Auto. Als Fußgänger ist man ja neuerdings Freiwild! Man kann von einem Auto erfaßt werden oder von einem Radfahrer oder von einem guten Bekannten.
»Hallo! Hallöchen!« jubelt es auf der anderen Seite der Straße.
Ach, du Scheiße: Quaschnick! Mit Frau und Tochter.
Er ist noch klappriger geworden. Seine Gemahlin aber hat mächtig ausgelegt. Die, denke ich, könnte sich ruhig mal ein paar Wochen auf Halb-Mast setzen. Und die Tochter, die Süße, kommt ganz nach der Mutter.
»Welche Freude!« jubelt Frau Quaschnick.
»Ganz meinerseits«, lüge ich. Kleine Lügen erhalten die Freundschaft.
»Wenn's nach mir geht«, murmelt Quaschnick, »verziehen wir uns in die nächste, beste Kneipe.«
Es geht nicht nach ihm.
Es ist noch nie nach ihm gegangen.
Frau Quaschnick steuert ein elegantes Café an. Da sitzen wir nun wie die Schießbudenfiguren auf diesen zierlichen Caféhaus-Stühlchen Marke IKEA-Rockockocko. Die

Sitzfläche eines solchen Stuhls ist mehrere Größen zu klein für Frau Quaschnicks riesige Sitzfläche. Wir lächeln um die Wette, und ich denke bei mir, vielleicht sollte ich doch mal irgendwas sagen, am besten was total Bescheuertes.

»Eure Süße«, sage ich, »die ist aber ganz schön gewachsen.«

»Leider an den falschen Stellen«, sagt Frau Quaschnick.

»Och«, sage ich, »das verliert sich beim ersten Liebeskummer.«

Die Süße schlägt die Augen nieder.

Ich merke schon, bei Quaschnicks wird gekämpft, und zwar um die Model-Eckdaten neunzig-sechzig-neunzig. Das schöne, junge Mädchen von heute soll ja aussehen wie ein halbverhungerter Knabe mit Titten.

»Wir haben es mit Gutzureden versucht«, klagt Frau Quaschnick, »mit Harry-Wijnford-Diät, mit Appetitszüglern – nichts! Ich bin ihr mit gutem Beispiel vorangegangen ...«

»Das Dumme ist bloß«, sagt Quaschnick, »du hast in zwei Jahren insgesamt neunhundertneunundneunzig Kilo abgenommen, Griseldis, und insgesamt tausend Kilo wieder zugenommen!«

Dieser Geheimnisverrat bringt ihm prompt den ersten bösen Blick ein.

»Wer abnehmen möchte«, sage ich, »der sollte einfach das Hauptgericht weglassen und statt der Vorspeise kein Dessert nehmen.«

Quaschnick, der seine besten Jahre bei der Nationalen Volksarmee verschleudert hat, erinnert daran, daß verfettete Offiziere in ein spezielles Kurheim abkommandiert wurden. Hier, sagt er, hätte es nichts als verschärfte Reduktionskost gegeben, die in der »Woche der niedrigsten Kalorien« nochmals stark reduziert worden wäre. »Und dann«, kräht er, »mußten alle eine Verpflichtung unterschreiben: Wir geben mehr Brot zurück, als serviert worden ist!«

»Ich halte überhaupt nichts von Kalorien«, erklärt Frau Quaschnick.

»Wenn die Diät nicht funktioniert«, sagt Quaschnick, »ist es das Beste, man läßt sich ersatzweise mit einem Elefanten fotografieren.«

Frau Quaschnick lehnt es ab, diese unernste Diskussion mitzumachen. Sie denkt an ihre Tochter. »Benutz die Treppe, Mädel, sag ich immer, nicht den Aufzug! Aber so was ist in den Wind gesprochen. Und jetzt haben wir den Salat, in die Disco traut sie sich schon gar nicht mehr rein!«

»Kinder«, sagt die Süße, »können so grausam sein ...«

»Selbstverständlich«, erklärt Frau Quaschnick, »haben wir einen wissenschaftlich begründeten Ernährungsplan aufgestellt, ein Kalorienoptimierungsprogramm nach Professor Gräfe-Quakenbrück. Unsere Annette erhält pro Tag genau eintausend Kalorien!«

»Besser als gar nichts«, sage ich.

»Eine Kilokalorie«, erläutert die Süße, »ist jene Kalorienmenge, die nötig ist, einen Liter Wasser von vierzehnkommafünf auf fünfzehnkommafünf Grad Celsius zu erhitzen.«

Ihre Wangen glühen vor Stolz.

Frau Quaschnick bestellt ein Stück Schwarzwälderkirschmokkasahnetorte. Quaschnick und mir gewährt sie einen doppelten Doppelkorn.

Und zwar jedem einen.

Die Süße erhält ein Glas Selters mit zwei S.

»Ein Glas Selters«, so Frau Quaschnick, »ist i-de-al! Weil es null Kalorien enthält. Gurken sind auch verhältnismäßig ideal, aber doch nicht ganz so ideal wie Selters. Hundert Gramm Gurken beinhalten nur acht Kilokalorien.«

»Eure Süße könnte also, Moment mal, tausend geteilt durch acht ist gleich...«

»Hundertfünfundzwanzig!« ruft die Süße, wie aus der Pistole geschossen.

»Hundertfünfundzwanzig Kalorien«, sage ich, »multipliziert mit hundert Gramm macht genau fünfundzwanzig Pfund. Du darfst also jeden Tag einen Viertelzentner grüne Gurken verputzen.«

»Genau«, sagt Quaschnick.

Schmerzlich lächelt die Süße.

In diesem Augenblick serviert die Kellnerin einen gewaltigen Schwarzwälderkirschmokkasahnetortensektor.

Quaschnick erhebt sein Glas in meine Richtung.

»Prost, Erwin!« sag ich.

»Mann, Emmes«, sagt er und fängt an zu schwärmen, »weißt du noch – damals ...«

»Damals«, sagt Frau Quaschnick, »damals hatten wir ja nur eine ganz einfache Briefwaage. Heute dagegen wägen wir alles mit einer Diätwääge. Aber das meiste kann man sich zum Glück ganz leicht merken. Nehmen wir das

Frühstück: ein Ei gleich siebenundachtzig Kalorien, zwanzig Gramm feine Leberwurst gleich zweiundvierzig Kalorien ...«
Inzwischen hat Frau Quaschnick ihre Schwarzwälder Kalorienbombe restlos versenkt.
»Und wenn eure Süße mal eine Ansichtskarte verschickt«, frage ich besorgt, »wenn sie spontan die Briefmarke anleckt, was dann?«
»Macht gar nichts«, erklärt Frau Quaschnick. »Der Kleber auf der Markenrückseite enthält nicht mehr eine Zehntelkalorie!«
»Und was ist mit Naschen?«
»Naschen verboten!«
»Um eine einzige Tafel Vollmilchschokolade abzubauen«, sagt die Süße, »müßte ich sechzig Kilometer mit dem Rennrad fahren oder zwei Kilometer in zwanzig Minuten schwimmen oder fünf Stunden joggen ...«
»Mann, Mädel«, sag ich und schaue ihr ganz tief auf die Hüften. »Wieviel hast du denn bis heute abgenommen?«
Die Süße schlägt die Augen nieder.
»Hast du denn überhaupt abgenommen oder vielleicht sogar zu?«
Ein langes, ungutes Schweigen.
Frau Quaschnick hat den Blick nach innen gerichtet.
Auch mir fällt nichts mehr ein, was die Stimmung anheizen könnte.
»Du, äh, hör mal, Emmes, äh, es ist nicht, wie du denkst«, stammelt Quaschnick, »gelohnt hat sich die Diät durchaus ...«
»Die Diät ist sogar ein ganz, ganz toller Erfolg«, sagt Frau

Quaschnick. »Die ganze Klasse ist stolz auf unsere Annette.«
Dies bekräftigt die Süße durch lebhaftes Nicken.
»Und weißt du, warum?« fragt Quaschnick. »Weißt du, warum?«
»Warum?«
»Seit sie ihre Diät macht, ist unsere Süße die Beste im Rechnen!«
»In Mathematik«, korrigiert Frau Quaschnick. »In Mathematik!«

Der geheimnisvolle Fremde

Erzählt wird ja viel.
Und es waren immer die andern.
Dem Neuling fällt es schwer, auch nur die Hälfte der Histörchen zu glauben; ich hielt sie vorsichtshalber für Tratsch und Übertreibung, blieb aber zu fast allem bereit für den Fall, daß doch.
An der Rezeption empfing ich den Schlüssel zum Zweibettzimmer Nummer neunzehn, das ich mit einem Herrn Müller aus Berlin teilen sollte.
Zimmer neunzehn blickte auf einen mit Fichten bestanden Steilhang, und vor dem Fenster quirlte die Bode vorbei.
Im Speisesaal war mir ein Platz an Tisch eins zuteil geworden, und ich nahm dies als gutes Vorzeichen.
Kaum hatte ich zum ersten Abendessen Platz genommen, da erschien auch schon der blondgelockte Seemann

Asmus. Er musterte kurz die Damen im Saal und sagte: »Na denn – Leinen los!«
Nach und nach bevölkerte sich der Speisesaal mit teils schüchtern, teils forsch auftretenden Gästen. Ein Herr, der aussah wie ein Politmoderator auf Urlaub, steuerte Tisch eins an, knallte die Hacken zusammen und rief mit doppelter Zimmerlautstärke: »Jestatten, Schmidt! Schmidt wie Müller.«
Artig nannte auch ich meinen Namen und meinen Wohnort.
»Moment mal«, krähte Schmidt. »Den Namen hab ick doch irjendwann schon mal jehört! Sag mal, kenn' wir uns villeicht?«
Er hatte genau das, was man ein Dutzendgesicht nennt. Er kam mir sowohl bekannt als auch unbekannt vor, allerdings mehr unbekannt als bekannt.
Ich beantwortet seine Frage mit einem Kopfschütteln.
»Hätte ja sein könn'«, sagte er und wandte seine Aufmerksamkeit gleichfalls der Damenwelt zu. »Ach, du meine Fresse!« seufzte er. »Allet bloß Teenager-Spätlese, von hinten Lyzeum, von vorne Museum.«
Weitere Schmeicheleien blieben ihm im Halse stecken, als eine reizende Person den letzten freien Stuhl an Tisch eins besetzte. Eine schlanke, bleiche, blonde Schönheit namens Roswitha, noch nicht alt, aber auch noch nicht wieder jung. Gerade richtig. Rügen war ihre Heimat, und wenn sie ihr Zungen-R rrrollte, schien eine frische Brise herüber zu wehen von Kap Arkona.
Asmus und ich erstarrten.
Schmidt aber ging unerschrocken in die Offensive:

»Wenn ick Ihn' ein' Vorschlag machen dürfte, Fräulein Roswitha – nehmse Schmidt, der ist am wenigsten verheiratet.«
»Schönes Wetter heute«, sagte sie.
»Ja«, sagte Schmidt, »aber bloß draußen.«
Schmidt blieb die Antwort nicht schuldig. Schmidt blieb keine Antwort schuldig, drei Wochen lang nicht, Schmidt antwortete sogar dann, wenn kein Mensch gefragt hatte. Bevor Asmus und ich das begriffen, waren wir längst überrollt. Asmus versuchte die Gespräche mit Seemannsgarn zu beleben: Wind und Wellen, Hans Albers, Reeperbahn, Traumschiff, Billigflaggen, doch Schmidt konterte mit einem Schuß vor den Bug: »Sag mal, Asmus, warst du schon mal in Singapur?«
»Nö«, sagte Asmus.
»Du warst noch nicht in Singapur!« krähte Schmidt. »Na, det is'ja'n Ding! Denn mußte doch mein' Bruder kenn', mein Bruder war nämlich ooch noch nich in Singapur.« Schmidt wollte sich scheckig lachen.
Auch Roswitha lächelte.
Sie war entschieden zu jung für diesen Kalauer; denn außer Schmidt hatte sich im zwanzigsten Jahrhundert noch kein Mensch getraut, diese tot geglaubte Pointe wieder aufzuwärmen.
»Weißt du nich'n richtigen Witz?« fragte Asmus in meine Richtung. Leider war ich nicht schnell genug.
»Also, da is'n großet Hochhaus«, sagte Schmidt, »zehn Etagen oder zwölf, janz ejal, da sagt der Mann eines Tages zu seiner Frau: Also, unser neuer Hausmeister, das muß ja ein doller Feger sein! Bis auf eine einzige soll der bei

uns im Haus ja schon jede Frau gehabt haben. – Interessant, sagt die Frau, das ist doch bestimmt die zickige Blonde im Parterre!«
Tisch eins lachte sich in den Mittelpunkt, von allen beneidet um die Stimmungskanone Schmidt, Schmidt wie Müller.
Ich für meine Person lachte bei weitem nicht so laut wie die bezauberte Damenschar. Das fiel Schmidt sehr bald auf.
»Ick kenn' dich!« sagte er. »Ick weeß bloß noch nich, woher. Hast'n Bruder beim ZDF? Oder beim Wetterdienst? Oder bei der FDP?«
Ich verneinte von Herzen.
Die Tage mit Schmidt waren zermürbend.
Die Nächte mit ihm waren die Hölle.
Er wälzte sich im Bett von einer Seite auf die andere. Seinem Mund, um nur diesen zu erwähnen, entrangen sich nie gehörte Brumm-, Schnarch- und Pfeiftöne.
Eines Morgens am Frühstückstisch faßte ich mir ein Herz. Schmidt aß gerade, um Roswitha zu imponieren, sein Marmeladenbrötchen mit Messer und Gabel.
»Also, letzte Nacht war ja was los«, beklagte ich mich.
Schmidt stimmte mir zu: »Ich hab ooch keen Oore zujemacht!«
Schmidt hatte auch diesmal wieder den Punkt kassiert.
Er sammelte zu jeder Mahlzeit Punkte.
Schlau rühmte er immer wieder die Küche des Heims.
»Ihre Frau«, sagte Roswitha, »die kocht doch bestimmt auch nicht schlecht.«
»Meinen Sie?« Schmidt überdachte das Problem. »Schon

möglich«, sagte er dann. »Jedenfalls kommen öfter die Indianer zu uns in die Küche und tauchen ihre Giftpfeile in unsre Soße.«

Applaus brandete auf.

Schmidt verbeugte sich nach allen Seiten, und in diesem Augenblick kam er mir in seiner Selbstgefälligkeit doch wieder ziemlich bekannt vor.

»Ick laß mich sowieso bald scheiden«, fuhr er fort. »Wir teilen fifty-fifty, hab ick zu meiner Frau gesagt. Du kriegst det Beste, Elli, nimm dir die Kinder, ich nehm det Auto!«

Schmidt war der Star.

Jedermann hing an seinen Lippen, um ja keinen der Korken zu verpassen, die er in schöner Regelmäßigkeit steigen ließ.

Es kam der unvermeidliche Folkloreabend »Harz, was willst du mehr!« mit der Combo »Rübeländer Höhlenbären«. Anschließend Tanz.

Selbstlos hatte ich für die bevorstehenden Paarungskämpfe dem Seemann Asmus meine Unterstützung gegen das Ekel Schmidt zugesagt. Ich selbst hatte wenig Grund, mir Hoffnungen zu machen. Eine Frau, von der ich was will, die muß mir schon ein paar Schritte entgegen kommen.

Leider hatten wir auch zu zweit keine Chance.

Die »Rübeländer Höhlenbären«, die von Schmidt rechtzeitig mit einer Flasche Schierker Feuerstein bestochen worden waren, intonierten gleich zu Anfang den Titel »La Paloma«.

Da saß nun der Seemann Asmus in seelischer Bewegung

wie angewachsen auf seinem Stuhl und gedachte pflichtgemäß der blauen Jungs, die für ewig draußen auf dem Meer geblieben waren ...
So entschwebte Schmidt mit der Dame unseres Herzens und tauchte erst zum nächsten Frühstück wieder auf.
Unsere ursprünglich bleiche Roswitha machte von nun an einen herzerquickend rotwangigen Eindruck.
Schmidt hatte schon mal besser ausgesehen.
Bei unserem gemeinsamen verbissenen Kampf um den maximalen Kurerfolg, bei Waldläufen und verschärften Bergwanderungen begegneten Asmus und ich öfter einem zärtlich liebenden Paar, für das es kein Generationsproblem zu geben schien.
Nach einer melancholischen Bahnfahrt mit dem Interregio »Kap Arkona« sah es beim Abschied auf einem der großartigen Bahnhöfe der deutschen Hauptstadt schon ganz anders aus. Roswitha verströmte Tränen, Schmidt aber strich ihr locker übers Haar und verabschiedete sich blitzschnell und gnadenlos.
In diesem Augenblick haßte ich ihn: Brechmittel Schmidt! Schmidt wie Müller.
Vor dem Bahnhof kam er ein letztes Mal auf mich zu.
»Ick seh schlecht aus, wa?«
»Moralischer Verschleiß«, sagte ich.
»Sei nicht traurig, Junge!« Er kondolierte mir, weil ich keine abgekriegt hatte. Das sei zwar eine Luftnummer, eine blamable Sache, er aber, Schmidt, der Kumpel, könne schweigen, er würde diese Tatsache niemals gegen mich verwenden und niemanden über meine körperlichen Mängel informieren.

»Horrido!« rief er fröhlich und wackelte mit seinen beiden Koffern zum Taxistand.
Allein aus diesem Grund zog ich die Busfahrt nach Hause vor.
»Auf Nimmerwiedersehn«, murmelte ich ihm zu.
Die Bushaltestelle befindet sich genau vor meinem Wohnblock.
Ich setzte meine Koffer ab und griff nach dem Haustürschlüssel.
Ein Taxi fuhr vor.
Schmidt sprang raus.«Ehmt isset mir einjefalln!« brüllte er. »Du wohnst ooch Nummer sieben!«

Die gute Fee im U-Bahn-Schacht

Wer heutzutage in der Arbeitswelt vorankommen will, muß flexibel sein. Wenn's mal schnell gehen muß, laß ich mein Auto einfach stehen, wo es grade steht und stürze mich in die U-Bahn. Stockender Verkehr, Stau, Vollsperrung auf der Autobahn – das alles hat für mich seine Schrecken verloren. Zum Glück ist in meiner Firma die letzte Kurve vor der Stechuhr rennbahnmäßig überhöht, darum ist es mir ein leichtes, so pünktlich zum Dienst zu erscheinen, daß der Boss seine Uhr demonstrativ nach mir stellt, und zwar mit einem kritischen Seitenblick auf meine Kollegen.
Durch mein Beispiel ermutigt, hat inzwischen auch Storkemeyer, mein Wohnungsnachbar, seine Einstellung zum öffentlichen Nahverkehr geändert. Als ich ihn kennen-

lernte, ging er keinen einzigen Schritt zu Fuß. Das Auto war für ihn Fetisch und Statussymbol zugleich. Er stammt aus dem Rheinland, Marl-Hüls, Horst-Emscher, Wanne-Eickel, Castrop-Rauxel, diese Ecke, und unterstützt als Baudezernent den Aufschwung Ost aus vollem Herzen. Sein Ärger ist bloß, daß sie ihn einfach nicht verbeamten wollen, warum nicht, ist mir schleierhaft; denn er ist gottesfürchtig, trinkfest und königstreu.

Wir unterhalten uns gelegentlich über Gott und die Welt, über Hoch- und Tiefdruckgebiete, über Hoch- und Tiefbau, das Thema Bestechung und Bestechlichkeit allerdings lassen wir vorsichtshalber weg.

Nicht daß daraus jetzt einer falsche Schlüsse zieht! Krimineller als die andern ist der Storkemeyer auch nicht, ganz bestimmt nicht, da müßte ich mich denn doch sehr täuschen.

Jedenfalls stürmen wir beide eines Morgens auf dem Weg zur Arbeit die U-Bahn-Treppe runter, und um ein Haar überrennen wir im dämmrigen Tunnel einen nachtblauen Kinderwagen.

Ein dickes, gesundes Baby lacht mich an, eine schlanke, blonde, junge Mutter blickt mir vertrauensvoll entgegen. Storkemeyer als Beamtenanwärter voll und ganz auf den Dienstbeginn fixiert, hastet kaltblütig weiter. Anders als unsereins ist er von Castrop-Rauxel her durch das kapitalistische Wolfsgesetz total versaut.

Ich dagegen bleibe stehen, wie es sich gehört, und fasse mit zu, wie ich es einst in der Menschengemeinschaft gelernt habe. Im Handumdrehen befördere ich gemeinsam mit der jugendlichen Mutter den Kinderwagen nach

oben in den hellen Sonnenschein. Das dicke Baby lacht mich dankbar an. Ich aber bleibe cool und winke ab: eine kleine Mühe, nicht der Rede wert.
»Eine Selbstverständlichkeit«, sage ich.
Das will die attraktive, blutjunge Mutter nicht gelten lassen. »Nein, nein, nein!« ruft sie. »Das war eine gute Tat, und Sie sind ein guter Mensch.«
»Ach, nicht doch ...«, sag ich.
»Jedenfalls haben Sie bei mir einen Wunsch frei.«
Wie? Was? Hab ich das jetzt richtig gehört?
»Sie haben«, wiederholt sie, »einen Wunsch frei.«
»Leider«, sage ich, »bin ich in Eile und außerdem ja auch nicht mehr der Jüngste ...«
Sie lächelt süß und geheimnisvoll: »Könnte es denn nicht sein, daß ich eine gute Fee bin?«
Doch, doch, rein äußerlich könnte das schon sein.
»Warum spielen Sie nicht mal mit in der Lotterie, einfach nur so, spaßeshalber. Aber bitte nicht Lotto«, ruft sie mir hinterher, »unbedingt Lotterie!«
Von meiner guten Tat beflügelt, erreiche ich mit einem endlaufreifen Sprint meine Bahn und husche sogar noch vor dem verdutzten Storkemeyer ins Abteil, erhitzt, außer Atem, aber glücklich. Storkemeyer ist nicht weiter beeindruckt, im Gegenteil, er deckt mich ein mit ironischen Betrachtungen über die Solidaritätsrituale der Jammerossis, die sich gegenseitig jeden Tag dreimal brüderlich die Hände schütteln. Die sich gegenseitig die Türen aufhalten, und zwar mit dem Lustschrei »Bitte, nach Ihnen!« Behinderte, Seniorinnen, Senioren und ehemalige Arbeiterveteranen unentgeltlich über Hauptverkehrsstraßen zu

geleiten, ist ihre Lieblingsbeschäftigung. Und als hätten sich die deutsch-deutschen Verhältnisse nicht gründlich geändert, besuchen sie aus alter Gewohnheit Altlast-Feten und Loser-Parties, bei denen absolut nichts rausspringt, weil in Ermangelung von Geschäftsleuten keinerlei Geschäfte eingefädelt werden können.
Storkemeyer hätte zu diesen ostalgische Geselligkeiten noch so allerlei zu sagen gehabt, doch ich bin am Ziel und muß raus, und die Geschichte wäre an dieser Stelle zu Ende gewesen, hätte sie nicht noch dieses irre Nachspiel gehabt.
Ob ihr's glaubt oder nicht, nach Feierabend finde ich in meinem Briefkasten einen dicken Umschlag, eine Versandtasche, um es politisch korrekt auszudrücken. Ein Superangebot der Süddeutschen Klassenlotterie, an mich namentlich adressiert: »Sehr geehrter Herr Röhl! Ja, es ist wahr, mit unserer Lotterie können Sie fünf Millionen D-Mark gewinnen oder wahlweise zweikommafünf Millionen Euro ...«
Hm.
Unseriöse Angebote dieser Art lege ich gewöhnlich nicht achtlos zur Seite, die schmeiß ich jedesmal mit voller Kraft in den Papierkorb. Es sind in jedem Fall leere Versprechungen.
In diesem Fall allerdings liegt ein Muster-Scheck über fünf Millionen Mark bei, auch ein Muster-Sparkassenbuch für hochverzinsliche Kapitalanlagen. Weiterhin ist die Sparkasse bereit, mir für mein Guthaben von fünf Millionen Mark monatlich einen Zinsertrag von fünfunddreißigtausend Mark gutzuschreiben. Wahnsinn! Dabei

kostet das ganze Los, das sogenannte Eineintel-Los, nicht mehr als ganze hundertsechzig ...
Ein toller Tag!
Erst die gute Tat, dann die Megachance. Mir ist es, ehrlich gesagt, piepe, ob da tatsächlich irgendein geheimnisvoller Zusammenhang besteht oder nicht. Esoterik, Psi und Aberglaube bedeuten mir nichts. Vor zehn Jahren war ich noch dialektischer Materialist. Aber daß es Glück bringt, ein Hufeisen zu finden, das weiß ich natürlich; es kann allerdings, auch das weiß ich, ein sogenanntes Danaergeschenk sein, wenn nämlich das Pferd noch dran hängt, auch wenn es englisches Vollblut sein sollte und es sich vielleicht gar um einen Derbysieger handelt.
Natürlich weiß ich genau wie ihr alle, daß es gar keine guten Feen gibt! Mit anderen Worten: Wenn ihr wollt, könnt ihr dieses Vorkommnis gerne einen Zufall nennen oder auch, je nach Bildungsstand, ein stochastisches Event.
Ihr könnt euch aber ebensogut die Wahrheit anhören, und die Wahrheit lautet: Schon nach wenigen Tagen überhäuft mich die gute Fee aus dem Füllhorn der Süddeutschen Klassenlotterie mit den erwähnten fünf Millionen Mark. Plötzlich und unerwartet bin ich Millionär. Wie Schumi! Wie Boris! Wie Steffi! Wie Verona! WieKrupp und Thyssen!
Mein erster Gedanke: Diese Geschichte, Emmes, die behältst du für dich. Zähne zusammenbeißen! Kein Wort zu Storkemeyer! Keine Silbe zur Bild-Zeitung! Ab mit der Kohle nach Luxemburg, und: Schweigen im Walde!
Mein zweiter Gedanke: Der Storkemeyer wird staunen!

Eine ausgesprochen dumme Idee von mir! Aber wer kann denn ahnen, daß der Storkemeyer ein so zartbesaitetes Sensibelchen ist, ein Weichei, ein Warmduscher, ein Schattenparker. Wer kann denn vermuten, daß es in ihm brodelt, weil sein Dienstherr ihn einfach nicht zum deutschen Beamten befördern will. Wenn er selber keinen Ton sagt, woher soll dann ich wissen, daß er inzwischen diese Rhythmusstörungen hat ... Daß er es am Herzen hat!
Gleich zweimal landet er mit Infarktverdacht beim Arzt, das erste Mal, als ich meinen Millionengewinn kucken lasse, das zweite Mal, als ich andeute, daß eine gute Fee an dem ganzen Theater vielleicht doch nicht so ganz unbeteiligt ist.
Nun hat er es plötzlich eilig.
Ich sage: »Wo willst du denn hin?«
Keine Antwort.
Heute weiß ich, wohin.
Der wittert Menschenfleisch, der Storkemeyer, der stellt sich gleichfalls an den verzauberten U-Bahn-Schacht, und es dauert keine halbe Stunde, da hat auch er eine Mutter mit Kinderwagen aufgegabelt.
Diese gute Fee allerdings stammt zufällig aus Castrop-Rauxel, und Storkemeyer kommt ihr schon auf den ersten Blick verdammt bekannt vor. Sie nimmt ihn kritisch unter die Lupe und identifiziert ihn bei lebendigem Leibe, mit Blutprobe und allen Schikanen. Inzwischen genießt er staatlich anerkannte Vaterfreuden. Mit allen juristischen und finanziellen Folgen.

»Ich dachte mir immer, man hält besser den Mund und setzt sich dem Verdacht aus, ein Dummkopf zu sein, als den Mund aufzumachen und damit jeden Zweifel zu beseitigen.«

Sir Denis Thatcher, ehemals First Husband

Einstein spielte Saxophon

»Ist an Ihrem Tisch vielleicht noch ein Plätzchen frei?« fragte meine wohltönende, sonore Baritonstimme.

»Ja«, sagte sie.

Ich setzte mich.

»Hätte mich auch gewundert; für mich ist immer und überall noch ein Plätzchen frei. Wissen Sie, warum?«

»Warum?«

»Nun, ich sehe nicht gerade schlecht aus, genauer gesagt, sehr gut. Blendend!«

Lässig strich ich mir mein volles, lockiges, goldblondes Haar aus der schönen, ebenmäßigen, hohen Stirn. »Ich bin groß und schlank«, sagte ich, »dabei aber muskulös.«

»Und«, ergänzte sie, »eingebildet sind Sie kein bißchen.«

»Richtig! Ich bin nicht nur sehr schön und sehr stark, sondern auch außerordentlich bescheiden.«

»Und das alles haben Sie selbst herausgefunden? Ganz allein? Ohne fremde Hilfe?«

»Aber ja«, sagte ich, »so was ist für mich kein Problem.«

»Klar«, sagte sie, »weil Sie so unheimlich intelligent sind.«

Sie war noch nicht alt, fünfundzwanzig, höchstens sechsundzwanzig.

Ich lächelte ihr zu: »In der Tat, mein kleines Fräulein, verfüge ich über eine gediegene Allgemeinbildung. Schade, daß die Schule so etwas heutzutage nicht mehr zu vermitteln imstande ist.«
Die Kellnerin erschien.
Ich bestellte mir einen großen Weinbrand.
»Der eine«, sprach ich weise, »der eine liebt Weinbrand, der andre liebt Rembrandt ... Ist Ihnen übrigens bekannt, daß sich Rembrandt seinerzeit, als er die Mona Lisa malte, ein Ohr abschnitt?«
Überrascht blickte sie mir tief in die Augen: »War das nicht van Gogh?«
»Vincent van Gogh«, sagte ich, »aber das können Sie vielleicht nicht wissen, Vincent van Gogh war zur Zeit Rembrandts schon mehr als hundert Jahre tot. Außerdem, und das ist das Entscheidende, hat sich van Gogh die Nase abgeschnitten, und zwar aus Eifersucht auf Picasso.«
Die kleine Kaffeehauskapelle – Klavier, Piano, Keyboard, Geige und Violine – begann zu spielen, das Nibelungenlied, wenn ich mich recht entsinne, aber ohne Text, also konzertant. Immer, wenn ich das Nibelungenlied höre, die Neunte oder die Zehnte, denke ich sofort: Beethoven!
»Ein Jammer!« sagte ich. »Warum mußte gerade er blind sein?! Warum gerade er? Und warum gerade blind? Ausgerechnet er!«
»Wer?« fragte sie.
»Beethoven!« sagte ich. »Die Unvollendete ist ja nur deshalb unvollendet geblieben, weil er zum Schluß keine Noten mehr lesen konnte.«

Sie protestierte: »Ich denke, der Beethoven war schwerhörig?!«
»O nein, das verwechseln Sie! Beethoven war blind.«
»Und wer war der berühmte Schwerhörige aus dem alten Griechenland?«
»Das war Andrea Bocelli!«
Sie schüttelte den Kopf.
Hastig schob ich Homer nach. »Homer«, sagte ich, »ist bekanntlich als ›der schwerhörige Sänger‹ in die Geschichte eingegangen. A propos Geschichte! Wußten Sie, daß Julius Caesar Analphabet war?«
»Wirklich?«
Ihr Blick war voller Bewunderung für mich.
»Das ist verbürgt«, sagte ich und nippte an dem Weinbrand, den die Kellnerin mir endlich gebracht hatte. »Caesar war in seiner Jugend ein leidenschaftlicher Analphabet, aber plötzlich fiel ihm ein, daß kein Staatsmann von Format es versäumt, Gesammelte Werke herauszugeben, und er fing im Alter von dreißig Jahren noch an, Lesen und Schreiben zu lernen. Sein Lehrer war übrigens der berühmte Quinctilius Varus. Leider kam es wegen der Schlacht im Teutoburger Wald zu einer längeren Pause im Unterricht, und als Varus schließlich müde und abgeschlafft vom Schlachtfeld zurückkehrte, rief ihm der ungeduldige Caesar schon an den Gestaden des Rubicon entgegen: ›Varus, Varus, gib mir wieder meine Lektionen!‹ Das ist verbürgt, mein Fräulein. Oder nehmen wir Goethe!
Goethe war ganz und gar nicht der Supercasanova, als den Charlotte von Stein ihn aus durchsichtigen Gründen

hinstellte, übrigens mit verheerenden Folgen für die Glaubwürdigkeit der Literaturgeschichte. Charlotte wollte selbstverständlich nicht, daß irgendein dunkler Schatten auf ihre Ehe fiele. Aber die nackten Tatsachen sind: Goethe war kein Frauenheld, ganz im Gegenteil! Er war, nun ja, wie soll ich Ihnen das erklären ... Er machte sich partout nichts aus Frauen. Kurz und gut, halten Sie sich fest: Goethe hatte ein sehr harmonisches, intimes Verhältnis mit Herrn von Stein. Alles andere ist Quatsch! Was sagen Sie nun?«

Sie sagte nichts.

Ihr Blick suchte die Kellnerin, wahrscheinlich, um noch einen Mokka zu bestellen.

Ich überlegte, ob ich sie freundlicherweise dazu einladen sollte, trennte mich aber schnell wieder von dieser Idee. Solche Einladungen werden, zumal von Damen, nur allzu gern mißverstanden.

Kerzengerade saß sie auf ihrem Stuhl, so daß ihre großartige Figur bestens zur Geltung kam.

»Pamela Anderson«, sagte ich, »soll mit ihren Silikoneinlagen ja sehr, sehr zufrieden sein.«

Sie errötete bis in ihr bescheidenes Dékolleté hinein.

»Pardon«, sagte ich, »ich wollte Ihnen nicht zu nahe treten.«

Dezent leitete ich auf ein unverfängliches Gebiet über, auf die Naturwissenschaften.

»Weil wir gerade von Newton sprechen«, sagte ich, »Newton rutschte bekanntlich auf einer achtlos weggeworfenen Bananenschale aus und tat daraufhin seinen historischen Ausspruch: ›Heureka, ich habe es gefunden!‹

In diesem Augenblick nämlich hatte er das Vererbungsgesetz entdeckt, und das Vererbungsgesetz besagt im Kern das Folgende: Wenn kein Testament vorliegt, kriegt die Frau die Hälfte, während die Kinder sich den Rest teilen.«

»Und Einstein spielte Cello!« sagte sie.

»Leider nein«, berichtigte ich, »er spielte Saxophon.«

»Aber«, beharrte sie, »Otto Lilienthal hat das Unterseeboot erfunden!«

»Das allerdings.«

Sie erhob sich, um zu bezahlen, denn die Kellnerin kam endlich mal wieder vorbei.

Ich bestellte mir noch einen Weinbrand.

»Wollen Sie«, fragte ich, »etwa schon gehn?«

»Ich muß«, sagte sie, »zur Volkshochschule.«

Eine enttäuschende Antwort! Kann man doch aus einem kultivierten Gespräch unter gebildeten Menschen oftmals mehr lernen als aus ganzen Semestern Volkshochschule; diesen Appell richte ich gezielt an die Adresse der jungen Generation.

Sie zog ihr Jäckchen über und nahm ihre Tasche.

»Übrigens«, sagte sie, »Sokrates war mit seiner Xantippe glücklich verheiratet.«

»Ich weiß«, sagte ich.

»Und August der Starke starb kinderlos.«

»Ich weiß.«

»Und Schwester Stefanie hat neulich in der Schwarzwaldklinik einen Blinddarm transplantiert!«

Auch damit sagte sie mir absolut nichts Neues.

III

Missingsch, sagt Tucholsky, ist das, was herauskommt, wenn ein Plattdeutscher hochdeutsch sprechen will. Er krabbelt auf der glatt gebohnerten Treppe der deutschen Grammatik empor und rutscht alle naselang wieder in sein geliebtes Platt zurück. Es ist kein bäurisches Platt, es ist viel feiner. Das Hochdeutsche darin nimmt sich aus wie Hohn und Karikatur; es ist, wie wenn ein Bauer in Frack und Zylinder aufs Feld ginge und so ackerte.

Hohorohoho! Rororohoho!« dröhnte es draußen vor dem Tor. Ich schickte den Liftboy hinaus: man möchte die Hengste wegführen, sie störten mich durch ihr Gewieher. Er kam zurück. »Verzeihen«, sagte er, »das sind die beiden Herren Gutsbesitzer aus Mecklenburg. Sie lächeln.«

Alexander Roda Roda

Stern in einer Winternacht

Ich bin Mecklenburger, sagt der Mecklenburger, und mehr als Mecklenburger kann der Mensch gar nicht werden. Das starke Selbstbewußtsein, das ihm gelegentlich vorgeworfen wird, leitet er unbefangen ab von dem Glück, weder Sachse noch Bayer zu sein. Sein Goethe heißt Fritz Reuter, seine Zugspitze ist der Ruhner Berg (178 m), seine Ananas ist die Runkel, und die ganze großdeutsche Geschichte mitsamt der ruhmreichen Schlacht im Teutoburger Wald tauscht er nicht ein gegen die Läuschen, Schnurren und Geschichten, die er irgendwann mal selbst erlebt, selbst erfunden oder wenigstens mit eigenen Ohren gehört hat zwischen Waterkant und gries' Gegend.

Pöpplow näherte sich mit seinem gletschergrünen, chromblitzenden Mittelklassewagen dem Grenzbach. Wie stets hob seine Frau die Hände zur Dirigentengebärde und brüllte, als sie die Brücke überquerten, jubelnd und auf die Sekunde genau: »Hurra!«
Dieses sinnentleerte Ritual war inzwischen nur noch albern und lebte allein von Vergangenheit und Erinnerung. Vor einem Jahrzehnt, als er noch mit dem klapprigen salatgrünen Pappauto voller Kinder mehrmals im Jahr aus Berlin für ein paar Tage zu den heimatlichen Moränen zurückkehrte, hatte er die banale Überquerung des kaum meterbreiten Grenzgewässers noch als Höhepunkt im Leben eines plattdeutschen Lokalpatrioten empfunden.
Heutzutage sah die Grenze nach gar nichts aus, anno

Tobak aber war sie schmuck gewesen wie jeder anständige Grenzübergang: Schlagbaum und Fahne schwarzweiß hüben, drüben beides in Farbe: blaugelbrot. Und, nicht zu vergessen, das Porträt des Stiers. Der Büffel. Der Dickschädel als Landeswappen. Bei dieser Vorstellung wurden Pöpplow die Augenwinkel bedenklich feucht. Mannhaft schluckte er die aufkommende Rührung runter. Heimat, dachte er. Hier, dachte er, sang dir dein Onkel Willi einst sein Spottlied auf den Großherzog, was insofern weiter kein Risiko war, als der Landesvater längst nicht mehr am Ruder war, sondern im holsteinischen Exil. So ging das Lied:

> Und da sah ich von weiten
> unsän Großhäzoch reiten,
> und er saß auf einen schwarzen Pierd,
> und dat Pier', dat ha'd den' Stiert verkiehrt ...

Hier, mein lieber Pöpplow, sagte sich Pöpplow, haben deine Ahnen Ackerbau und Inzucht getrieben. Hier haben sie, wollmasagen, gewohnt, aber ihre Häuser waren man bannig niedrig, so niedrig, daß sie meist Plattfische essen mußten, wenn sie nicht oben anstoßen wollten. Und wenn sie sich was erzählen wollten, denn in Plattdeutsch, anners ging das ja gar nich. Welche könn' ümmer noch kein Hochdeutsch, wenn sie nu auch all lange in Hochhäuser wohnen tun, wo oben der Wind um den Schostein rümmerhuult. Ja, hier weht eine andere Luft, hier grünt das grüne Gras der Kindheit. Süße Wehmut im Herzen, einen Kloß im Hals, seelisch bewegt und die Hände eisern am Lenkrad, so stieß Pöpplow vor ins winterliche Heimatland.

In den verschneiten Häuschen links und rechts der Landstraße, da atmeten, da lebten, da wachten und da schnarchten sie, seine Landsleute, da versuchten sie ihren Rausch auszuschlafen, damit sie vor dem Frühstück ganz fix wieder einen auf die Lampe gießen konnten, der alte Helms zum Beispiel, der sich auf seine alten Tage in der Genossenschaft noch als Nachtwächter nützlich machte.
Er war mit der Zeit ein bißchen vergeßlich geworden und hatte damals an einem jener staatlichen Festtage in den Farben der DDR die vorgeschriebene Sichtwerbung doch glatt verdüst. Der Parteisekretär nahm ihn sich kritisch zur Brust, und der alte Helms suchte sein Heil in der Selbstkritik: »Also, Genossen, ick pflagg nu bi jedes, ob dat Wihnachten, Ostern oder Pingsten is!«
O ja, dachte Pöpplow, ich bin einer der ihren immerdar; was er auch tut und treibet, der Mecklenburger bleibet ein Mecklenburger stets.
Pöpplow bog in die Dorfstraße ein und war zu Hause.
Er stellte den Motor ab, und schon sprang wie gewöhnlich die Haustür auf. Der Mutter voraus stürzte hechelnd Molli, ein struppiger Kläffer jenseits der Rassen und formidabler Hühnerbändiger, als Hühnerbändiger aber nicht mehr gefragt; denn das Federvieh war seit kurzem von der Bildfläche verschwunden. Bruder Kurt, der Heimwerker mit den goldenen Händen, hatte den Hühnerstall nach allen Regeln der Baukunst zu einer hübschen Garage umgestaltet.
Auf den abwesenden Bruder Kurt kam denn am Kaffeetisch auch gleich die Rede: »Het Kurt dat nich wedder fein trechtkrägen?«

Jaja, sagte Pöpplow, das habe er sauber hingekriegt. Eine Ahnung von Versäumnis und Schuld stieg in ihm auf. Er selber, weit vom Schusse wohnhaft, hatte an der Verschönerung des Vaterhauses kaum Anteil. Darum lenkte er das Gespräch zügig auf Klatsch und Tratsch der Hauptstadt. Seine Mutter, für die Kinder Oma Anna, vermißte gerade diesen Gegenstand in der sozialistischen Presse und lechzte regelrecht nach Informationen aus dem Leben der Schönen und Prominenten von Film und Fernsehen. »Du, segg mal eins, de Eduard Schnitzler, mit wecker is de nu verheurat'? Un de Frank Schöbel? Wat arbeit't sien Fru denn so? Un het he ok Kinner? Un wat is dat, Jung oder Diern? – Hähähä, kiek an! Un wat het he för'n Auto? Het he ümmer noch den' Trabi? Un het he ok all eins in'n Westen sungen?« Und so immer weiter bis zum Einbruch der Dunkelheit.

Nach Kaffeezeit, im letzten Licht des Tages, schlich Pöpplow mit dem Fuchsschwanz in den Wald, um ein Bäumchen zu fällen.

Kein Förster weit und breit; über ihm blitzte und funkelte der prachtvolle, dröhnend schweigende Dezemberhimmel.

Er blickte hinauf, und man muß es wohl einen heiligen Schauder nennen, was ihn da erfaßte: Da oben in den galaktischen Weiten der Milchstraße kreisten zwei Kosmonauten und besahen sich in aller Ruhe den blauen Planeten, Afrika und Mallorca, die beiden deutschen Staaten und die mecklenburgische Seenplatte.

»Hest em seihn?« fragte Oma Anna, ohne sich weiter über die Qualitäten des geklauten Tannenbaums auszulassen.

»Mi is keiner begegent«, sagte Pöpplow, der gar nicht wußte, worum es ging.
»Ick mein den' Satellit! Jung, hest den' Satellit nich seihn?«
»Den' Satellit?« Pöpplow warf einen Blick auf seine Uhr. »Kümmt hei denn hier vörbi üm disse Klockentid?« Quatsch, dachte er, nie und nimmer. Das Raumschiff hatte eine Umlaufbahn fern der mecklenburgischen Koordinaten, soweit reichten seine Kenntnis des neuen Weltraumunternehmens. Schließlich unterrichtete er das Fach Astronomie.
»Anna«, sagte er schonend. Er sagte immer Anna, wenn er meinte, ihr irgend etwas schonend beibringen zu müssen. »Anna, ick glöw, he kümmt hier bi uns öwerhaupt nich vörbi.«
»De Satellit?«
»Jawoll, de Satellit.«
»He kümmt bi uns in Ruthenbeck nich vörbi?«
»Nee, ditmal nich.«
»Ach wat! Büst du mall, Jung? Dor baben öwer den Clapps Liebling, dor steht he jo! Dor steht he all viertein Dag'.«
Pöpplow war erschüttert über soviel religiösen Unverstand. Ein mit kosmischer Geschwindigkeit um den Erdball rotierender Flugkörper stand seit vierzehn Tagen mucksmäuschenstill über Oma Annas Birnbaum, na Hilfe! »Dat kann gor nich angahn«, sagte er.
»Denn kumm du man mit ruter!« Oma Anna griff entschlossen nach ihrem wollenen Umschlagtuch. »Ick will em di woll wiesen!!!«

»Na, denn man tau.« Gottergeben folgte ihr Pöpplow vor die Tür, seine Frau und die Kinder hinterher, denen er flüsternd einschärfte, sich altkluge Belehrungsversuche zu verkneifen.
»Dor baben!« Oma Anna deutete auf ein helles außerirdisches Blinklicht hoch über dem Birnbaum. »Dor steht he je!«
Der Sirius!
Natürlich. So was Ähnliches hatte Pöpplow schon geahnt. Sirius. Der unermüdliche Zwinkerer im Sternbild Großer Hund, zweihundertachtzigbillionensiebenhundertdreißigmillionen Kilometer entfernt.
»Anna«, sagte Pöpplow mit altenpflegerischem Timbre, »dat is he nich.«
»Nee?«
»Nee, dat is de Satellit nich.«
»Ach wat! Dat is de Satellit, Kurt het't ok seggt.«
Daher also wehte der Wind.
»Tjä, Mudders«, Pöpplow lächelte schmerzlich, »denn het Kurt di wat Dulls vertellt.«
»Meinst dat? Is dat denn nich de Satellit?«
»Nee, dat ist man blots 'n Stiern, dat is de Sirius.«
»Sirius? Dor hew'ck je noch gor nicks von hürt. – Nee, du, dat is de Satellit, uns' Kurt, de weit dat.«
»Ick segg je gor nicks gegen Kurtn, Mudders! Äwer ick weit mit den Himmelskram bäter Bescheid as de Leiw Gott persönlich, ick hew dor je up studiert.«
»Jung, dat seggst du so! Hest du denn ok ümmer gaud uppaßt?«
Pöpplow gab ein Grunzen des Unmuts von sich.

Mit der Wissenschaft war hier kein Blumentopf zu gewinnen.
Er hätte allein über den Sirius einen langen populärwissenschaftlichen Vortrag halten, hätte darüber referieren können, was den Ägyptern der Pharaonenzeit der heliakische Aufgang des Sirius bedeutete. Doch Schlaumeier waren hier nicht gefragt, seine Kompetenz wurde in kränkender Weise bezweifelt.
Zum Glück fiel ihm sein alter Schulatlas ein!
Pöpplow beendete die abendliche Freiluftveranstaltung und trieb seine Lieben, husch, husch, zurück in die warme Stube. Im Vorgefühl des nahen wissenschaftlichen Triumphs zog er den zerfledderten Atlas aus der Vertikoschublade und schlug Seite siebenundneunzig auf, die Darstellung des nördlichen Sternhimmels: hellblauer Kreis mit weißen Sternen darin, eine Fingerbreite südlich des Sternbilds Orion bestens sichtbar der dicke, lichtstarke Sirius.
Oma Anna rieb sich die klammen Hände und setzte die Lesebrille auf. Tatsächlich, ihre Sterne standen nicht günstig. Gleich neben Pöpplows Zeigefinder war deutlich zu lesen: Sirius.
»Si-ri-us«, las sie.
Und gleich noch einmal: »Si-ri-us! Kiek an, kiek an!«
Dann folgte ein ratloses, nach hinten offenes »Tjäääää ...«
Pöpplow atmete tief durch und zwinkerte seinen Kindern zu. Es war ausgestanden. Dank seiner Hartnäckigkeit. Er war drangeblieben. Er hatte wieder mal einen Punkt verbucht bei der Verbreitung wissenschaftlicher Kenntnisse auf dem flachen Land.

Der Dickschädel im Landeswappen, ein Symbol wie keines auf der Welt!
Nach dem Abendessen noch ein Pauderstündchen, eine Partie Rommé, ein bißchen Fernseh, ein bißchen Fernweh, und dann ab in die Heia. Pöpplow las noch ein bißchen Unkel Bräsig und war eben am Wegdrusseln, da klinkte Oma Anna behutsam die Schlafstubentür auf.
»Wenn he dat man nich doch is!« flüsterte sie laut und rücksichtslos. »Wenn dat man nich doch de Satellit is!«

Willem Tell

Mein Freund Arno ist Regisseur am hiesigen Stadttheater, und zwar einer von diesen höchst sensibilisierten Neoavantgardisten, die nicht davor zurückschrecken, Hamlet im Frack auf die Bühne zu stellen, auch in Jeans, zur Not sogar in langen Unterhosen.
Arno geht in jedem Fall über den Dichter hinaus. Er übermittelt seinem Publikum mit jedem Stück eine Botschaft, ganz egal, ob eine drin ist oder nicht. Für dieses künstlerische Credo hält er immer wieder die Rübe hin. Er präsentierte schon Falstaff als Abstinenzler und Mackie Messer als Helfer der Volkspolizei.
Kürzlich inszenierte Arno den »Tell«, und diese Produktion brachte ihm von allen Seiten ungeteiltes Lob ein, sogar von meiner Tante Minna.
»Wo«, fragte mich Arno eines Tages, »krieg ich einen original mecklenburgischen Bauernschrank her, so was echt Rustikales?«

Ich verriet ihm, daß bei meiner Tante Minna auf dem Lande so ein Schrank stehen müsse ...
Er wollte ihn sofort kennenlernen.
Kennenlernen, sagte ich ihm, müsse er vor allem Tante Minna! Wenn er, Arno, sich von seiner charmanten Seite zeige und sie ihn in ihr gutes, altes Tantenherz schlösse, dann, da sei ich ganz sicher, werde ihn der Schrank keinen Pfennig kosten; abstauben werde er ihn, als Geschenk, als Souvenir.
»Na, und charmant sein«, sagte ich gehässig, »das kannst du doch wohl, Arno, irgendwas mußt du doch können!«
Er trug fast ein bißchen zu dick auf, als wir Tante Minnas Küche betraten.
»Guten Tag, junge Frau«, flötete er und deutete elegant einen Kratzfuß an.
Tante Minna musterte Arno kurz, aber kritisch und fragte so hochdeutsch wie möglich: »Nanu, was is das denn für'n Unikum?«
»Das«, sagte ich, »das is mein Freund Arno, der is Theaterregisseur, un für die Klapsmühle is er auch schon angemeldet.«
»Na, denn will ich man gleich den Kaffe aufsetzen«, sagte Tante Minna. »Geht man durch in die gute Stube, mein Schieter.«
Arno grinste unverschämt, und ich war nicht sonderlich erbaut davon, daß Tante Minna einen so duftigen Kosenamen in Anwesenheit Dritter aussprach.
Wir sahen uns um in der guten Stube.
Wir sahen uns in der Schlafstube um.
Der Schrank war weg!

Arnos Grinsen wich einem Ausdruck weinerlicher Ratlosigkeit.

Wir marschierten zurück in die Küche, und ich fragte beiläufig: »Wo is dien oll Schapp awbläben, Tante Minna?«

»Ach, dat oll Ding«, sagte Tante Minna, »dat steht nu in' Schuppen!«

Diese gute plattdeutsche Nachricht hatte Arno, der aus Mengersgereuth-Hämmern in Thüringen stammt, nicht nur gehört, sondern auch gleich kapiert.

Ein Prunkstück war der Schrank nicht gerade mehr. Unter einer dicken Staubschicht war seine schultafelgrüne Farbe nur noch zu ahnen, und der Holzwurm hatte schon ganze Arbeit geleistet,

»Sie haben da«, schwärmte Arno, »aber wirklich einen zauberhaften alten Schrank!«

»Ach, woher denn!« sagte Tante Minna, während sie den Streuselkuchen schnitt, »so alt is er je denn nu auch wieder nich. Ich hab ihn zu meiner Hochzeit gekriegt, neunzehnhundertneunundzwanzig.«

»Ach trotzdem!« Arno lächelte schelmisch. »Mir gefällt er.«

»Tjä«, sagte Tante Minna, als wir am Kaffeetisch saßen, »ich brauch ihn woll nich mehr.«

»Na, wunderbar!« rief Arno und küßte Tante Minna die Hand.

Das machte sie mißtrauisch.

»Was waren Sie doch von Beruf, Arno?«

»Theaterregisseur«, sagte ich.

»So, Theaterretuscheur, hm, hm ...« Sie grübelte in ihre

Kaffeetasse hinein. »Wir waren je neulich auch nach'n Theater hin, nach Schwerin, nach'e Landeshauptstadt.«
Arno wandte sich ihr interessiert zu: »Und welches Stück, Tante Minna, haben Sie sich angesehen, wenn ich fragen darf?«
»Tjä, woans hat das geheißen?« Hinter Tante Minnas Stirn arbeiteten die Relais. »Düwel ok, der hatte doch noch so'n durch un durch plattdeutschen Namen ...«
Arno hätte ihr gern auf die Sprünge geholfen, aber ein Stück mit durch und durch plattdeutschem Namen hatte er nicht im Repertoire.
»Willem!« jubelte Tante Minna und schlug mit der flachen Hand auf den Tisch, daß die Kaffeetassen klirrten.
»Wilhelm Tell!« brüllte Arno.
»Wir«, gab Tante Minna zu bedenken, »hatten hier bei uns in Ruthenbeck ja auch mal eins'n Willem Nell wohnen ...«
»Wilhelm Nell?« sagte Arno. »Interessant. Sehr, sehr interessant!«
»In'n Armenkaten hat der gewohnt, das muß wohl so um achtunzwanzig, neunundzwanzig rum muß das gewesen sein, der hat das auch nich leicht gehabt, nee, leicht hat der das nich gehabt ...«
Arno fiel ihr ungeduldig ins Wort: »Aber wie hat Ihnen denn nun mein ›Tell‹ gefallen, Tante Minna?«
»Ach, so als Mann ...« Tante Minna lächelte verwegen. »Ich mein', das war ja nu würklich'n staatschen Kerl, un denn noch Schweizer von Beruf!«
»Schweizer?« Arno sah sie überrascht an. »Schweizer? Von Beruf?«

»Schweizer«, erklärte Tante Minna, »Schweizer sind Melker, das kennen Sie nicht so, Arno, Stadtmenschen kennen das nich so genau.«
»Schweizer«, sagte Arno, »sind in diesem Fall Schweizer und keine Kuhmelker!«
Ich trat ihm unter dem Tisch gegen eins seiner Schienbeine.
»In dem Stück kommen Kühe vor!« Tante Minna hob wachsam den rechten Zeigefinger. »Die Kuhglocken hab ich deutlich gehört, un wo die Kühe sind, da is der Schweizer nich weit von weg!«
»Na schön«, lenkte Arno ein, »aber wie hat Ihnen denn nun mein ›Tell‹ gefallen?«
»Glück hat er gehabt!« sagte Tante Minna. »Daß er nich mein Mann gewesen is! Ümmer- und ümmerzu muß er mit'n Flitzbogen rumlaufen, un Hedwig, seine Frau, die sagt noch: Laß bloß den Flitzbogen hier, Willi! Nimm bloß das Kind nich mit, Willi! Un Willi, der nimmt den Flitzbogen denn aber doch mit un den kleinen Walter auch, un denn müssen sie natürlich auch noch an der Fahnenstange vor, wo der Hut auf hängt, der Schappoklapp von diesem Gießler oder Geißler!«
»Geßler!« sagte Arno.
»Der Gutshof hier in Hof Ruthenbeck«, erläuterte Tante Minna, »da hat auch mal ein ein gewisser Geißler auf gesessen, den mochte auch keiner leiden, nee! Das war so'n richtiger Junker war das! Un der Geißler in euerm Theaterstück, der is nich viel besser. Ich versteh gar nich, warum ihr so'n Schweinehund überhaupt noch mitspielen laßt.«

»Der Geßler ist ein sehr netter Kollege«, sagte Arno, noch bevor Tante Minnas bitteres Lachen verhallt war.
Wie konnte er bloß so bescheuert sein! Auf Tante Minnas kostbaren Bauernschrank reflektieren, und in ihrer guten Stube die Partei eines Tyrannen ergreifen!
»Ich halt nicks von dem Geißler«, sagte Tante Minna, »aber auch gar nicks. Läßt den Willem Tell auf den Jung' abdrücken! Den Vater auf sein eigen Fleisch un Blut! Un die Äpfel, die werden ja auch nich besser von der Ballerei! Nee, was war das'n feiner Cox Orange ... Aber wenn er einmal kaputtgeschossen is, denn will ihn nachher keiner aufessen, is das denn nich schade um die Fitamine? All die schönen Fitamine!«
Arno, der inzwischen allerhand begriffen hatte, ballte so, daß Tante Minna es sehen mußte, die Faust: Kampf dem Verderb von Obst und Gemüse!
»Tjä«, fuhr Tante Minna fort, »nu konnte der Tell den Geißler je überhaupt nich mehr verknusen, un der Tell, der war ja auch keine Angsthose, der war so'n richtiger sturer Mecklenbürger, war der ...«
Ich fixierte Arno mit stahlhartem Blick.
»Na, najaaa«, stammelte Arno, »das Stück spielt ja auch in Mecklenburg, in der Mecklenburgischen Schweiz, genauer gesagt!«
»Ich weiß das«, sagte Tante Minna, »das spielt in der Teterower Gegend. Un der Willem Tell, der stellt sich je nu mit sein' Flitzbogen in die Tannen, un denn sagt er: Durch diese hohle Gasse muß er kommen ...«
Und Arno vollendete: »Es führt kein andrer Weg nach Wismar!«

»Un denn kommt der Geißler angaloppiert, un denn legt der Tell auf ihn an, un denn hat er sich aber gerächt. Nee, wat hett he sick recht! Bautz, hat er den Geißler totgeschossen.«

»Dat schad't em gor nicks!« rief ich.

»Nee, dat schad't em ok nicks!« rief Tante Minna unversöhnlich.

Arno knirschte mit den Zähnen.

»Tjä«, sagte ich, »nu ward't woll Tied, Tante Minna.«

»Wir müssen«, sagte Arno und stand auf.

»Sie sind mir so'n kleiner Rechthaber, Arno!« sagte Tante Minna. »Ich wollte Ihnen den Schrank bald gar nich mehr lassen.«

Arno erbleichte.

»Aber ich will man nich so sein, nehmen Sie sich den bei Gelegenheit man eins mit.«

»Wir haben«, sagte Arno, »zufällig einen Anhänger dabei.«

»Na, denn man tau!« Tante Minna erhob sich und steckte uns zum Abschied noch ein paar Äpfel zu.

Übrigens: Cox Orange.

Wir aßen sie im Auto.

»All die schönen Fitamine!« rief ich.

»All die schönen Vitamine!« wiederholte Arno begeistert. Aber bei ihm klang es nach nischt.

Denn, wie gesagt, er stammt aus Mengersgereuth-Hämmern in Thüringen. Aber davon merkt man leider nicht mehr viel; denn er spricht mit Vorliebe ein schauderhaft keimfreies Bühnendeutsch.

Der Fuchs mit den blauen Augen

Vierundsiebzig Jahre lang war meine Tante Minna weder mit geschriebenen noch mit ungeschriebenen Gesetzen in Konflikt geraten, mit keiner Verordnung und keiner Durchführungsbestimmung. Ein makelloses Leben hatte sie geführt, beispielhaft für jedermann. Und nun, auf ihre alten Tage noch, das!

Aber schuld ist nicht sie allein, schuld ist auch und vor allem der Waldarbeiter Ludwig Kowalewski. Ich kenne ihn schon länger, und zwar aus der Konsumgaststätte Der Salun, die in der Zeitungsberichterstattung auch unter dem Namen Zentrales Ländliches Bierversorgungszentrum (ZLB) von Zeit zu Zeit eine Rolle spielte. Hier hatten wir zwei beiden an der Theke schon öfter mal eine Situation zur Lage geklärt. Ludwig Kowalewski rauchte Stumpen der Marke Nestor. Morgens spannte er den fuchsfarbenen Kaltblutwallach Max vor den Wagen, ließ sich ächzend auf dem Sitzbrett nieder, und dann zuckelte der zwei PS starke Max gemächlich mit ihm hinaus in den Forst, wo er unter der Leitung von Ludwig Kowalewski Kiefernstämme aus der Tiefe des Waldes bis an den Wegrand vorrückte.

Nachmittags kehrte Ludwig ins Dorf zurück. Vor dem Haus meiner Tante Minna rief er »Brrrr!« Ächzend stieg er vom Wagen, machte sein Pferd am grün gestrichenen Staketenzaun fest und schlenderte quer über die Straße auf ein paar halbe Stunden in den Salun. Und hierin besteht letzten Endes sein Verschulden.

Ich selbst habe mir entschieden mehr vorzuwerfen.

Als Tante Minna aus Hamburg zurückgekehrt war, wo sie die sterblichen Überreste ihrer Schwester Emmi mit unter die Erde gebracht hatte, stellte sie am Kaffeetisch eine ganz merkwürdige Frage: »Was dein Onkel Paul woll jetz grade macht?!«

Was um alles in der Welt hätte ich auf eine solche Frage antworten können?

Tante Minnas Mann, mein Onkel Paul, war vor zehn Jahren an einer Lungenentzündung gestorben, und die Ruthenbecker hatten ihm fast vollzählig die letzte Ehre erwiesen; denn Paul war ein fideler Bursche gewesen. Er wog gut und gern zwei Zentner, hatte feuerrote Haare, blaue Augen, O-Beine und konnte virtuos mit seinem linken Ohr wackeln, wenn die Stimmung mal doch ein bißchen angeheizt werden mußte. Streuselkuchen war sein Lieblingsgericht, das weiß ich noch, und er trank am liebsten ein Glas Bier dazu, es durfte, wenn vorhanden, auch ein Literglas sein.

»Was er momentan woll macht?« wiederholte Tante Minna. »Richtig totbleiben tut der Mensch nemmlich nich«, erklärte sie. »Der Körper, der ja. Aber die Seele, die nich. Die wandert immer weiter, die sucht sich'n andern Körper, das kann zur Not auch'n Raubtier sein, ein Tiger oder Löwe oder auch'n Pferd oder zur Not auch'n Plaumenbaum, wenn gar nicks andres da is.«

Ich gab mir die größte Mühe, ernst zu bleiben.

»Da gib's gar nicks bei zu grienen«, sagte sie, »du warst vorher auch schon mal eins auf der Welt, mein Jung'. Ich auch. Unser Walter auch. Un Ewald. Un Brigitte. Wir wissen man bloß nich mehr, als was. Das haben wir vergessen. Aber vereinzelt gibt das welche, die wissen das noch. Einer hat davon sogar'n langen Satz in die Zeitung reingesetzt. Hab ich neulich in Hamburg mit meinen eigenen Augen gelesen.«

»Kiek an«, sagte ich.

Tante Minna wertete diese Reaktion als Ausdruck meiner Verblüffung. »Un der das da reingesetzt hat, der war kein Dummerjan, du, glaub das man bloß nich! Das war'n echter Professer. Sogar ordentlicher Professer! Der konnte sich noch ganz genau entsinnen. Ein Rassehund is er gewesen, ein Altdeutsch-Langhaar, bei ein' Förster in der Lüneburger Heide, da hat er das ganz gut gehabt, aber heutzutage als Professer kann er auch nich klagen, er hat sich bei der Seelenwanderung regelrecht verbessert ...«

Ein Hundsfott, wer Schwachsinn dieser Art einfach so hinnimmt, ohne den Mund aufzumachen, ohne Einspruch und Protest, ohne dieses alte Denken mit wissenschaftlich begründeten Argumenten geradezubiegen, natürlich ganz höflich und sachte! Nein, ich hätte nicht schweigen dürfen! Ich hätte aufbegehren müssen gegen Aberglauben und Wiedergeburt.

Warum aber mußte der Kaltblutwallach Max auch ausgerechnet ein Fuchs sein! Warum war er nicht Rappe oder Schimmel oder Schecke oder ein magentafarbenes Shetlandpony? Vielleicht wäre auch alles gut gegangen, hätte nicht speziell dieser Fuchs einen seltenen Augenfehler gehabt – eine Art himmelblauen Star, Fischaugen, wie der Fachmann sagt.

Eines Nachmittags gegen vier machte meine Tante Minna das Wohnstubenfenster auf, um ein bißchen frische

Luft hereinzulassen, und sie blickte direkt in die himmelblauen Augen von Max, den Kowalewski wie gewöhnlich an ihrem Gartenzaun verankert hatte. Sie konnte und konnte den Blick nicht von ihm wenden, und Max, den diese unverhoffte Aufmerksamkeit freute, nickte ihr begeistert prustend zu. Das Herz schien ihr stillzustehen, aber anders, als es bei Schlag und Infarkt sein mochte, viel angenehmer, jugendlicher. Ihre Wangen erglühten. Hurtig stieg sie in ihre Gummistiefel und stolperte mehr, als sie ging, hinaus, um sich das blauäugige Pferd aus der Nähe anzusehen.

Max wieherte ihr leise entgegen und wackelte zur Begrüßung mit dem linken Ohr.

»Na, du!« sagte Tante Minna, fuhr ihm durch die rote Mähne und tätschelte seinen muskulösen Hals. »Du Max, du!« Max drückte seinen Dickschädel zutraulich gegen ihren großen, weichen Oberkörper.

»Harrejeh!« rief Tante Minna. »Nu hab ich dir gar nicks mitgebracht. Was bin ich aber auch für 'ne vergeßliche alte Frau!«

Eilig ging sie ins Haus zurück. Die Zuckerdose stand im Vertiko, es waren aber nur noch fünf Würfel darin. »Viel is es nich«, sagte Tante Minna, »aber der Mensch freut sich.«

Max nickte zufrieden, als sie ihm auf ihrer flachen Hand einen Zuckerwürfel anbot. Er nahm ihn mit samtigen Lippen und zermalmte ihn krachend zwischen seinen gelben, ungeputzten Zähnen.

Am nächsten Tag wartete Tante Minna mit frisch gebackenem Streuselkuchen auf. Während Kowalewski sein

Pferd an den Staketen festmachte und wie immer einen Strang vom Wagenschwengel löste, musterte Tante Minna verstohlen Maxens Hinterhand. Die O-Beine störten sie ganz und gar nicht.

»Na, du Max, du!« sagte sie, hielt aber doch zuerst Kowalewski den Teller mit dem Streuselkuchen hin. Ludwig Kowalewski sagte nicht nein. Auch Max griff zu, doch bevor er den trockenen Kuchen runterwürgen konnte, erschütterte ein Hustenanfall seinen Körper.

»Kuchen is nuscht für ihm, Minna«, sagte Kowalewski in seiner ostpreußischen Mundart, »jibt bloß Staublunge.«

»Ach was!« sagte Tante Minna. »An mein' Streuselkuchen kann das nich liegen. Unser Max, der hat die Grippe. – Nee, was is das aber auch für'n rusiges Wetter! Ich will ihm man gleich 'ne alte Decke überschmeißen.«

»Das mach man«, sagte Kowalewski, »aber kannst glauben, Minna, Kuchen is nuscht. Bißchen Gras, bißchen Klee, das mag er lieber.« Dann zischte er ab in den Salun.

Am Tag danach regnete es, und Minna hielt die Decke schon bereit. Seit sie sich so rührend um sein Pferd kümmerte, saß Kowalewski noch ruhiger und noch ein paar halbe Stunden länger im Salun. Wie sehr ihr Maxes Wohlergehen am Herzen lag, läßt sich allein schon daran erkennen, daß sie Ludwigs Kowalewskis Futterhinweis beherzigte. Vom genossenschaftlichen Acker rupfte sie einen Korb voller Klee, um Max eine Freude zu bereiten und freute sich, daß es ihm schmeckte. Und als Max gebieterisch mit den Vorderhufen zu scharren begann, verstand sie dies als Bitte um Nachschlag.

Kowalewski kam aus der Kneipe, und ihm fiel gleich auf,

daß Max unter seiner dicken Decke stark schwitzte. Kowalewski rutschte vor Schreck der Stumpen aus dem Mundwinkel. Er riß die Decke an sich, schmiß sie über die Staketen und machte, daß er mit Max in den Stall kam. Die folgende Nacht überlebte der Kaltblutwallach Max nicht. Er verschied an einer schweren Kolik. Der Tierarzt konnte ihm nur noch die Augen zudrücken.
Vormittags gegen elf, Tante Minna war eben beim Kartoffelschälen, erschien Revierförster Westphal und überbrachte die traurige Nachricht: »Sie hatten sich ja in letzter Zeit so'n bißchen um ihn gekümmert.«
»Ja«, sagte Tante Minna, »aber bloß, wenn Ludwig mal kurz 'ne Pause eingelegt hat.«
»Haben Sie das Pferd gestern gefüttert? Haben Sie ihm vielleicht was Unrechtes gegeben?«
»Nich daß ich wüßte«, sagte Tante Minna. »Bloß Grünfutter, wie der Kollege Kowalewski gesagt hat, Klee, genauer gesagt ...«
»Aber sagen Sie mal, hat es gestern nicht geregnet?«
»Das ja«, sagte Tante Minna, »und im Radio haben sie noch gesagt: heiter bis wolkig!«
»Haben Sie ihm«, beharrte Westphal, »nassen Klee gegeben?«
»Bißchen feucht mag er woll gewesen sein ...«
Ach, du Heimatland!
Vierzehn Tage danach kündigte der Hauptbuchhalter des Forstwirtschaftsbetriebs schriftlich seinen Besuch an »zum Zwecke der Klärung von Schadensersatzansprüchen«. Pommerenning hieß der Mann, und ich kannte ihn noch aus meiner Schulzeit. Steht Geld auf dem

Spiel, sollte man eine alte Schulfreundschaft nicht geringachten, das gilt heute, Freunde, das galt gestern, und das gilt auch morgen noch. Ehrensache, daß ich Tante Minna meinen Beistand zusagte.
Obwohl mich Pommerenning leutselig begrüßte, traute ich ihm nicht über den Weg. Er war mir eine Idee zu exquisit angezogen, overdressed, wie man so sagt, Sakko, Hemd und Schlips Ton in Ton, und sein black-silberner Aktenkoffer mochte im diplomatischen Dienst nicht weiter auffallen, ein Waldbuchhalter dagegen wurde durch ihn gottähnlich.
In treuer Pflichterfüllung zog Pommerenning die Augenbrauen hoch und verschreckte meine alte Tante Minna mit Ausdrücken wie Volkseigentum, forstwirtliches Denken und Regreß. Und gegen den Kollegen Kowalewski, müsse er wegen seiner Vorliebe für alkoholische Getränke während der Arbeitszeit sogar disziplinarische Maßnahmen einleiten, leider.
»Tun Sie, was Sie nich lassen können«, sagte Tante Minna schnippisch.
»Alfred«, sagte ich, »wie hoch war das Pferd denn versichert?«
»Drei Mille«, sagte er.
Meine Tante Minna erbleichte. »Drei Millionen?«
»Dreitausend«, sagte ich.
Aber das war nur ein schwacher Trost für sie.
»Mach uns doch fix mal 'ne Tasse Kaffee«, sagte ich.
Gehorsam ging sie in die Küche, und ich erzählte Pommerenning die herzzerreißende Geschichte von Paul und Max und der Seelenwanderung.

»Nicht daß Sie mich mißverstehen«, sagte Pommerenning, als Tante Minna mit der Kaffeekanne zurückkehrte, »ich muß die Sache bloß klären, weiter nichts.«
»Was bezahlt werden muß«, sagte meine stolze Tante Minna, »das wird bezahlt, auf Heller und Groschen!«
Pommerenning winkte ab. »Sie müssen doch gar nichts bezahlen! Das Geld holen wir uns von der Versicherung. Außerdem kann ich mich noch zu und zu gut an Ihren Paul erinnern.«
Verdutzt setzte Tante Minna die Kaffeekanne ab.
»Was für'n Paul meinen Sie, wenn ich mal fragen darf?«
»Ihren Mann, Tante Minna, Ihren Paul.«
»Mein Paul? Was hat Paul denn damit zu kriegen?«
Tante Minnas Entrüstung war grenzenlos. Und sie war echt.
Beim Geld, nehme ich an, hört jeder Aberglaube auf.
»Mein Paul«, sagte Tante Minna eisig, »der hat da gar nicks mit zu kriegen. Nicks! Aber auch gar nicks.«

Tante Minnas neue Tür

Die Geschichte mit Tante Minnas Tür zog sich über ein paar Jahrzehnte hin. Sie begann in dem Jahr, als die Zwiebeln knapp wurden. Sie endete, als einem die Westwagen plötzlich massenhaft nachgeschmissen wurden, und das Verdienst daran, daß diese Geschichte Jahrzehnte überdauerte, gebührt allein dem Tischler Suhrbier junior.
Tante Minnas Haustür, eine maigrün gestrichene profi-

lierte Füllungstür, die noch aus den goldenen Zwanzigern stammte, war von Schwamm und Holzwurm schwer gezeichnet. Meine Tante Minna, eine Meisterin des positiven Denkens, setzte die Langlebigkeit ihrer Vorfahren sachlich ins Verhältnis zur eigenen Lebenserwartung und zum Kontostand und beauftragte die Firma Suhrbier & Sohn, genauer gesagt, den Sohn, damit, ihr eine neue Haustür anzufertigen, ganz was Gutes, am besten wieder Eiche.

Haustüren machte zwischen Crivitz und Parchim keiner besser als die Firma Suhrbier & Sohn. Die Dörfer der Umgegend waren voll mit Haustüren aus Meisterhand – Türen mit phantastischen Ornamenten, mit Rhomben, Rosetten und Mäandern, mit Kassetten-, Waffel- und Fischgrätenmustern. All das war zügig und termingerecht entstanden, solange der alte Suhrbier noch persönlich auf das Arbeitstempo drückte. Der Altmeister starb kurz nach dem Eingang von Tante Minnas Auftrag, und das Hinscheiden von Suhrbier senior bedeutete einen tiefen Einschnitt in die Produktivität der Firma.

Zwei, drei Jahre lang fragte meine Tante Minna öfter mal nach, wie weit Suhrbier junior mit ihrer Tür denn wohl schon gekommen sein mochte, und der, untröstlich, beteuerte ein ums andere Mal seine ungebrochene Bereitschaft, »man bloß die ßeit, Minna, die schnellebrige ßeit!« Aber, versprach er, wenn er sein neues Nutriagehege man erst fertiggestellt haben werde, »denn geht't gliek los.«

Gewiß meinte er genau das, was er sagte, allerdings hörte er nicht auf, das gottverdammte Nutriagehege immer

und immer weiter zu erweitern. Sein Grundstück war aber auch zu und zu günstig gelegen. Es grenzte unmittelbar an den Teufelsbach, und Wasser ist bei diesem Geschäft ja, wie Suhrbier lächelnd betonte, das »AzweiO«.
Nachdem er drei Dutzend mal sein Wort gebrochen hatte, mochte Tante Minna ihn gar nicht mehr leiden. Wann immer sich die Gelegenheit bot, mußte ich bei ihm vorbeigehen, als ihr Gesandter sozusagen.
Die Werkstatt ließ ich immer gleich links liegen. Suhrbier betrat sie höchstens im Winter für ein paar Minuten, um sich aufzuwärmen. Ständig wirtschaftete er draußen im Gehege herum, immer an der frischen Luft, warf seinen vierbeinigen Freunden Kartoffeln, Rüben oder Markstammkohl zum Fraß vor und freute sich über ihren Appetit.
Nun gibt es auf Erden so manche äußerlich benachteiligte Kreatur, den Grottenolm etwa, den Engerling, auch mich selbst drückt Schönheit nicht; der Vergleich mit Tischler Suhrbiers Rassenutrias jedoch berechtigt uns drei zu einem Selbstbewußtsein erster Klasse. Wolfsgrau, zottig, wie Exemplare einer lyssenkoschen Kreuzung zwischen Scheltopusik und levantinischer Abwasserratte, hockten sie neben ihren Schwimmbecken und zerschroteten mit ihren widerlichen Raffzähnen zentnerweise Mohrrüben. Und Suhrbier sah ihnen verliebt dabei zu.
Er war ein Mann im besten Alter zwischen neunundzwanzig und einundsiebzig, von mittlerer Statur, rotwangig, auf dem Kopf eine blaue Baseballermütze aus dem Westen mit der Aufschrift Mitsubishi turbo / Formula One.

Begeistert schwärmte er stundenlang von seinen Bibern, vor allem aus finanziellen Gründen, weil nämlich Vater Staat beim Aufkauf der Pelze tief in die Tasche langte: »Achßich Proßent Felle Klasse einß, Mann schaff dir doch auch Biber an!«
Nur mit größter Mühe glückte es mir, das Gespräch kurz auf Tante Minnas Haustür zu lenken. »Gleich nach dem nächsten Pelzen!« versprach er, gleich nach dem nächsten Pelzen werde er den Auftrag erledigen, »da wird gar nich lange gefackelt!«
Die Kleintierzucht zog ihn stärker und stärker in ihren Bann, das fiel mir bei meinem nächsten Besuch auf. Den First seines Hauses hielt eine schwarmbereite Riege Sporttauben besetzt. Den größten Teil der Werkstatt nutzte er mittlerweile für die Aufzucht von Wellensittichen und Harzer Edelrollern, und um Tantes Minnas Tür müßte ich mir, nebenbei gesagt, keine Gedanken machen; auch könne von Verzögerung überhaupt keine Rede sein, aber die Eichenbretter! Die Eichenbretter müßten ablagern, pro Zentimeter Stärke ein Jahr, »was denkst du denn«, und dann noch zusätzlich ein Jahr im Schuppen, Ablagern sei das Wichtigste, da könnte ich alle Fachleute der Welt fragen.
Ein halbes Jahr später sah ich Licht im Tunnel.
Die Anzahl der Nutrias war sichtlich geschrumpft. Dafür hatte er den Edelrollerbereich in der Werkstatt entscheidend vergrößert. Auch unternahm er mit seinem Auto die eine oder andere Taxitour, aus Gefälligkeit, versteht sich, aus Nettigkeit.
Im Garten graste eine hochtragende fuchsfarbene Pony-

stute, mit der er in die Pferdezucht eingreifen wollte. Leider sollte sich ihre vermeintliche Trächtigkeit bald als krankhafte Anlage zu Blähungen herausstellten. Auf dem Havelberger Pferdemarkt gelang es ihm unter Aufbietung äußerster Raffinesse, sein Schlachtroß zu verschachern, natürlich mit Verlust, nicht als hochtragende Stute, sondern bloß als Pony im allgemeinen.

Immerhin reichte der Erlös für den Ankauf von vier Merinoschafen, die auf dem Grundstück reichlich Auslauf fanden, seit er die unrentable Nutriazucht eingestellt hatte. Inzwischen baute er auch auf sogenannten Restflächen Tabak an für die Volksernährung. Wolle, Tabak und Taxibetrieb, versicherte er, seien »alles in allem« eine solide Existenzgrundlage, auch wenn seine Frau in diesem Punkt anderer Ansicht sei.

In der Werkstatt hatte er mittlerweile anstelle der Wellensittichvolieren Auquarien unterschiedlicher Größe installiert. Statt der Ziervögel hielt er Zierfische.

Warum denn das nun auf einmal?

»Tjä, mein Lieber, Fisch ist gesund, dadrum!«

Kopfschüttelnd beobachtete ich das Spiel der Keilfleckbuntbarsche. »Das Kind im Mann«, sagte ich, »erspart dem Mann das Wochenbett.«

Ich fürchte, es klang ein bißchen vergnatzt; denn er blickte mich prüfend an, entschloß sich dann aber, diesen Kalauer als ein Wort der Anerkennung zu deuten. Er mache, sagte er, genau das, was ihm Spaß machte. Nur das. »Das, was mir keinen Spaß macht«, sagte er, »das mach ich einfach nich.«

Seine Frau, die im genossenschaftlichen Rinderstall für

ein regelmäßiges Familieneinkommen sorgte, trug ihr Gefühl der Demütigung offen zur Schau.
»Nee«, barmte meine Tante Minna, »was sieht die Frau hinfältig aus!«
Auch die wachsamen staatlichen Stellen befaßten sich mit Tischler Suhrbier, der offenbar nicht dazu aufgelegt war, seinen staatliche Auflagen nachzukommen. Da jedoch beim Kreisrat mitunter die Rechte nicht wußte, was die Linke tat, kamen Sanktionen nicht zum Tragen. Suhrbier, stellte sich heraus, hatte bei den wirtschaftslenkenden Organen sein Tischlergewerbe vorübergehend aufgekündigt und zugleich bei der verkehrslenkenden Abteilung eine Taxilizenz erhalten.
Tante Minna ließ alle Hoffnung sausen und fügte sich in ihr Schicksal: »Was braucht 'ne alte Frau noch 'ne neue Haustür!«
Sie strafte Suhrbier mit Nichtachtung, und mir verbot sie, ihn weiterhin zu mahnen. Sie riet mir sogar, den Umgang mit ihm zu meiden, mich strikt von ihm fernzuhalten, denn auch über mich gebe es im Dorf schon Gerede, gleiche Brüder, gleiche Kappen, habe Frau Suhrbier neulich im Konsum verbittert angemerkt.
Auf der Stelle ging ich zu ihm, hocherhobenen Hauptes und festen Schritts, am hellerlichten Tag die Dorfstraße lang. Die Aromen von Minze und Kamille durchzogen die Räume seines Hauses, jeder freie Fleck der inzwischen aquarienfreien Werkstatt war mit welken Kräutern bedeckt, auch die noch vorhanden Maschinen.
Nunmehr sammelte er in seinen dienstfreien Stunden wildwachsende Heilpflanzen. Gerade vorgestern erst hat-

te er wieder für einen knappen Doppelzentner getrockneten Schöllkrauts mehr als vierhundertfünfzig Mark kassiert.
Die Tür, um sie ein letztes Mal kurz zu erwähnen, war für mich kein Thema mehr, und für ihn war sie nie eins gewesen.
Zwei, drei Jahre nachdem der Euro eingeführt worden war – ich verpackte mit Tante Minna eben das Eßservice für zwölf Personen – stand plötzlich und unerwartet Suhrbier in der guten Stube.
Mir schwante Furchtbares.
»Fertich!« rief er freudestrahlend. »Eure Haustür is fertich!«
»Denn«, sagte Tante Minna giftig, »denn sehn Sie man zu, wo Sie ihr loswerden. Ich zieh nemmlich zu mein' Neffen nach Rostock. Der Möbelwagen kommt gleich.«
Tischler Suhrbiers Lächeln verlosch.
Er senkte den Blick und grübelte auf Tante Minnas Teppich hinab, und vielleicht fiel ihm in diesem Augenblick ein, wie leicht sich ein Pony mit Blähungen einst verkaufen ließ ...
»Tjä, denn man nicks für ungut.« Er drehte seine grüne Baseballspielermütze in den Händen, die neue mit der Aufschrift Trabant / die Legende auf Rädern.
Ich fühlte mit ihm und hätte ihm gern ein paar tröstliche Worte gesagt, doch er ließ mich gar nicht zu Wort kommen.
»Alles halb so schlimm«, sagte er, »das Tischlern is ja man bloß mein Hoppi.«

Das Komplott

Wenn ich bei meiner lieben, alten Tante Minna durch die Küchentür trete, nehme ich artig die Mütze ab, grüße ausführlich und erkundige mich nach ihrem werten Befinden. Erst meine zweite Frage gilt Vorfällen wie Mord und Totschlag.

Zumeist muß Tante Minna passen. Bei ihr auf dem flachen Lande sei leider nur herzlich wenig los, sagt sie, viel weniger als in der Großstadt und noch viel, viel weniger als im Fernsehen.

Neulich, es mag Ende September gewesen sein, hält sie aber doch mal eine Sensation bereit. »Willi Pägelow!« sagt sie atemlos, und ihre Wangen glühen vor Erregung. »Willi Pägelow, der will nu doch noch eins wieder heuraten, auf seine alten Tage, stell dir das doch bloß mal illustriert vor!«

Ich frage schüchtern an, ob etwa sie selbst die glückliche Braut sei, doch diesen Verdacht weist sie entschieden zurück. Immerhin hatte Willi schon wenige Wochen, nachdem seine Frau Ida totgeblieben war, angefangen, meiner Tante Minna den Hof zu machen.

»Na, Minna«, hatte er eines schönen Tages unverhofft gesagt, »di ward de Tied gewiß ok lang ...«

Eine derartige Bemerkung gilt in Mecklenburg als unverhüllter, unanständig massiver, geradezu unmoralischer Heiratsantrag. Tante Minna hatte denn auch geruht, ihn höflichst abzulehnen; über Langeweile, erklärte sie, könne sie ganz und gar nicht klagen, man bloß über ihre altbekannten Malessen mit der Hüfte.

Seitdem geht Willi auf Freiersfüßen, und er ist, obwohl gut und gern Mitte siebzig, noch gut zu Fuß. Er sitzt sogar noch fest im Sattel seines historischen Mopeds, Modell Hühnerschreck, mit dem er nach Krambow zum Kirchhof hinknattert, wo seine Frau Ida liegt, oder zur Sparkasse, um sein Konto zu beaufsichtigen, oder einfach ins Blaue, ins Grüne oder auf Brautschau.
»Du kennst ihr auch«, flüstert Tante Minna verschwörerisch. »Lucie Levknecht, die macht sauber in'n Feierabendheim.«
»Na, fein«, sage ich.
Tante Minna lächelt geheimnisvoll: »So findet Herz zu Herzen.«
Vor undenklichen Zeiten hatte ich Willi Pägelow für ein paar Mark bei der verlustlosen Einbringung der Ernte unterstützt. Seitdem besuche ich ihn immer mal, erstens um ein kleines Fläschchen abzuladen und zweitens, um bei dieser Gelegenheit nach seiner Gesundheit zu sehen. Sein Haus sieht aus wie alle Ruthenbecker Katen, rote Ziegel, Walmdach mit stellenweise bemoosten Biberschwanzdachsteinen. Willi läßt sich nicht ausreden, daß es besser in Schuß ist als alle Nachbarhäuser, so daß er gewiß ein paar Mark, fünftausend vielleicht, wenn nicht siebentausendfünfhundert, rausholen wird, wenn er eines Tages vielleicht verkauft und ins Altersheim nach Krambow übersiedelt, angemeldet ist er schon.
Auf dem Weg zu Willi Pägelow ist ein fast unüberwindliches Hindernis zu überwinden: Warnkes Gastwirtschaft, vormals Konsum-Gaststätte, seinerzeit im Kreismaßstab auch als Der Salun einschlägig bekannt. Wie bisher noch

immer taumelt auch diesmal, als ich mich still und leise vorüberschleichen will, einer der Stammgäste ins Freie. Es ist Tante Minnas Nachbar, der Forstarbeiter Ludwig Kowalewski, der nach Verrichtung einer kleinen Dringlichkeit, Arm in Arm mit mir unbedingt in den Salun zurückkehren möchte.

»Keine Zeit«, sage ich, und ob er denn schon von Willi Pägelows drittem Frühling gehört hätte.

»Achottchen«, seufzt er, das sei ein ganz böses Kapitel Weiberlist, eine regelrechte Verschwörung, dummerweise ist sie auch noch in seinem, Kowalewskis, Haushalt angezettelt worden, am Geburtstag seiner Frau Herta, nachmittags halb vier bei Kaffee und Kuchen, bei Eierlikör und Halb und Halb, »und weißt du, von wem?!« Genau – von meiner Tante Minna.

Nach diesem ersten Teil der Enthüllungen führt kein Weg mehr vorbei am Salun. Nun muß die Situation zur Lage geklärt werden.

Also! Seine Frau, die Herta, hat im Feierabendheim die Küche unter sich, und zu ihrem Geburtstag hat sie, und zwar ohne Hintergedanken, Lucie Levknecht eingeladen. Lucies Mann, das wüßte ich ja wohl, sei viel zu früh gestorben, erst dreiundsechzig, bumms, und Schlaganfall, Feierabend, und gleich beim ersten Eierlikör stößt Herta mit Lucie an und sagt: Lucie, sagt sie, das ist Eierlikör. Na und, sagt Lucie, und Herta fragt bloß mal so zum Spaß, willst du denn nich doch eins wieder heuraten, Lucie, und Lucie schüttelt ihre Frisur, aber nun fängt meine Tante Minna an zu hetzen: Schade, Lucie, du bist doch noch gar nicht so alt, du bist doch noch gut ingan-

ge, so flink und lebenslustig, und sie bringt die Rede über den kurzen Weg auf Willi, der hat ja nicht bloß das Haus, nee, der hat auf der Kasse auch Moses und die Propheten, aber Lucie meint, der wär' denn nu woll doch bißchen »zu betagt«, aber Tante Minna sagt: Dat is schietegal!
Na, denn will sie sich das vielleicht mal eins kurz durch den Kopf gehn lassen, sagt Lucie, na gut, sagt Tante Minna, zehn Minuten, keine Minute länger! Willi soll, so wird gemunkelt, nämlich schon einen Käufer haben für sein Haus, und der nächste Platz im Heim ist für ihn schon reserviert, wär' doch schade um das Haus, Lucie, und Willi ist ja auch so häuslich und sauber, und gut kochen kann er, nee, was kann der gut kochen!
Harreje, protestiert Lucie, eine Entscheidung für's Leben in zehn Minuten!
Aber Tante Minna läßt nicht mit sich handeln. Nu hab dir man nich so, Lucie, sagt Tante Minna, du machst das ja nich zum ersten Mal!
Na schön, sagt Lucie, wenn ihr meint ... An mir soll das nich liegen! Und Herta und Minna führen Willi Pägelow zu wie ein Bullenkalb, bloß ohne Strick, eine halbe Flasche Lehment-Doppelkümmel, ein bißchen Gutzureden, eine halbe Flasche Melde-Korn zusätzlich, und dann heißt es auch schon bald: Als Verlobte grüßen!
Willis Haustür ist merkwürdigerweise abgeschlossen. Zweimal muß er den Schlüssel im Schloß drehen, ehe sie sich widerwillig und quietschend öffnet. Willis weiße Hindenburgstoppeln stehen steil zu Berge, die Knollennase leuchtet lila in der Abendsonne. Die gute Stube ist aufgeräumt wie immer, kein Stäubchen auf dem Fernse-

her, kein Fettfingerabdruck auf den blanken Scheiben des Wohnzimmerschranks, in dem Idas kostbare Sammeltassen prangen.
Willi holt uns zwei Buddel Bier aus dem Kühlschrank, Domquell hell, mild und bekömmlich.
»Tjä«, sagt Willi, »dat's all nich so einfach.«
»Nee«, bestätige ich, »einfach ist dat nicht.«
Wir schweigen uns ein bißchen an.
»Mit de Frugenlüd ist dat sö'n Saak«, sagt er, bei ihm im Hause wolle nämlich eine Frau mit einwohnen. »Du kennst ihr. Du kennst ihr gut!«
»Oha!« sage ich.
»Nich, wat du denkst! Ich möt ehr nich heuraten, sei will mi man blots'n bäten bewirtschaften.«
»Prima«, sage ich.
»Tjä, dat seggst du!« Willi meint, ich, ich hätte gut reden, mich gehe das alles nichts an, er allein habe das ganze Risiko zu tragen. »Is dat' ne gaude Frau, denn is dat gaud, is dat äwer kein gaude Frau, denn is dat gor nich gaud.«
Gegen diese Logik ist kein Kraut gewachsen.
Willi ist ratlos. Er weiß nicht, ob er sich auf das Wagnis einlassen soll oder ob er sich lieber doch nicht darauf einlassen soll ... Er kann jederzeit ins Heim ziehen! Wie es denn, fragt er mich, im Heim eigentlich so sei ...
»Ganz prima«, sage ich und zähle die Vorteile auf: Man hat Geselligkeit, man hat seine warme Stube, man hat sein warmes Essen.
»Tjä ...« Ganz so rosig sieht Willi die Lage denn aber doch nicht. Er müßte da immerhin mit einem alten Knacker zusammenwohnen! Und mit dem Essen ist es

auch nicht weit her. Kowalewskis Herta, die die Küche unter sich hat, sei ja soweit eine honette Person, man bloß das Essenkochen! Das sei leider ihre Stärke nicht. Den Fraß von Herta Kowalewski das ganze Leben lang? »Ick weit't nich, nee, ick weit't nich.«

Vielleicht wäre eine Frau im Hause doch besser. Oder etwa nicht? Oder doch? Wenn man bloß wüßte, was man nicht weiß!

Oh, Tante Minna, du Rabenaas, du Intrigantin!

»Wenn't harmeniert«, sagt Willi, »denn is't gaud, wenn't äwer nich harmeniert, denn is't gor nich gaud.« Mit ihrem Mann, sagt Willi habe diese geheimnisvolle Unbekannte allerdings immer ziemlich gut harmeniert, mit Otto Levknecht...

»Ach, dat is Lucie!« rufe ich aus und bin natürlich total überrascht.

»Tjä«, sagt Willi. Er kratzt sich theatralisch am Hinterkopf. »Na, nu is't rut! Nu weißt du dat.«

»Lucie«, sage ich und schnalze mit der Zunge, »dei künn mi ok gefallen.«

Das hört er gern.

Seine Ohren erglühen. Seine Augen erstrahlen in jugendlichem Glanz. Doch schon verfinstert sich seine Miene wieder; denn Lucie drängt auf eine schnelle Entscheidung, das ist das Gefährliche, es bleibt kaum Zeit zum Überlegen. Schon morgen, am Sonntagnachmittag, wird Lucie erscheinen, mit ihrer Tochter als Verstärkung, dann soll der Sack zugebunden werden.

»Wenn dat man all gaud geht! Worüm is mien Ida nich noch'n bäten bi mi bläben!« Wie schon zu ihren Lebzeiten hat seine Frau Ida wieder den schwarzen Peter. »Nee, nee«, entscheidet er, »ick gah leiwer nah Krambow in't Heim!«

Vielleicht, gebe ich zu bedenken, will Lucie diesen Plan aber gar nicht hören.

»Nee, dat will sei gewiß nich!«

Dann, sage ich, sollte er sich doch wenigstens ein bißchen Bedenkzeit ausbitten.

»Dat's nich verkiehrt«, sagt er. Diese Idee gefällt ihm außerordentlich.

Kaum vier Wochen später kreuze ich erneut auf in Ruthenbeck.

»Lucie«, sagt meine Tante Minna, »dei wahnt nu all drei Wochen bi Willi Pägelow.« Ich drohe ihr mit der geballten Faust, sie aber lächelt das unergründliche Lächeln der Kupplerin.

Ich sehe mich ein bißchen um im Dorf, und als Lucie mit ihrem großen Henkelkorb im Laden von Schlachter Pingel verschwindet, spreche ich hurtig bei Willi vor, um ihm von Herzen zu gratulieren.

»Nee, nee, lat't man.« Er winkt ab. Lucie setzt ihm zu! Zu Weihnachten, hat sie gesagt, werde er sie heiraten, ob er will oder doch, und wer weiß, ob es nicht bloß wegen der Erbschaft ist. Und kochen kann sie auch nicht doll, neulich wäre die Kohlroulade verkohlt, und dann hätte sie ganz keß gesagt: »Kohlrouladen müssen bißchen verkohlt sein, dadrum heißt das ja Kohlroulade!«

»Nee, nee, ick weit't nich!« Willi kuckt vorsichtshalber aus dem Fenster in die Richtung von Schlachter Pingel, und dann gießt er uns hastig einen Doppelkümmel ein.

»Drei Wochen«, sagt er, »mag't angahn, ook'n poor Johr – äwer dat ganze, lange Läben? Nee, du!« Ihn schüttelt es, und das kann am Schnaps nicht liegen.
»De Fru is sowiet ganz mobil, knapp achtunföfftig.« Er seufzt aus tiefstem Herzensgrund. »Un ick gah all up de achtzig tau. Dat harmeniert doch nich! Wenn ick achtzig bün, denn is de Fru dreiunsößtig! Un wat denn?«
Ich erhebe mein Glas auf sein Wohl. Dann, sage ich, müsse er sich eben wieder was Jüngeres suchen.

Besuch von Tante Minna

Endlich besucht mich Tante Minna mal in Berlin.
Ein großer Tag.
Ächzend und stöhnend läßt sie sich im Sessel nieder, und ich stell ihr zur Begrüßung erst mal einen Kirschlikör hin, man 'n ganzen lütten, und hei duhnt je ook nich so dull.
»Na«, sagt Tante Minna, »woans geht dir das denn so, mein Jung?«
»Tja, wie soll ich das sagen ...«
»Mir geht das ja gut«, sagt Tante Minna, »bis auf die paar Malessen mit der Hüfte, un denn die Venenentzündung, ich bin ja nu auch all an die fümmunsiebzig, sieht man gar so, stimmt aber, nächstes Jahr werd' ich sechsunsiebzig, aber mit'n Rad fahr ich ümmer noch, bis nach Crivitz hin, bloß im Winter nu doch nich mehr, wegen der Rutschigkeit un Glattigkeit. Tjä, un wenn das eins so paßt, denn fahr ich auch mit'n Auto mit, mit Ewald, das is ja bequemer, aber manchmal geht der Auto auch kaputt,

Panne oder so was, denn is Holland in Not. Auto, sagt Ewald immer, Auto fängt mit Ah! an und hält mit Oh! auf ...«

»Ewald?« sag ich. »Ewald ...?«

»Na, du weißt doch! Ewald! Brigitte ihr Mann. Der von der Feuerwehr. Der Unterbrandmeister! Ach nee, ich will nich lügen, den haben sie ja zu Ostern befördert, nu isser ganz was Hohes, nu isser Oberlöschmeister. Mit'n Befördern geht das ja immer fix bei der Feuerwehr, viel fixer als mit'n Löschen. Aber gebrannt hat das bei uns in Ruthenbeck ja lange nu nich mehr ...

Das brennt un brennt nich, da hilft auch das neue Sprützenhaus nicks! – Ja, nee ..., du kennst das ja noch gar nich!. Du mußt uns uns nu aber auch bald mal eins wieder besuchen, mein Jung'!«

»Ja«, sag ich, »mach ich. Manchmal kuck ich im Fernsehn schon Nord-Magazin aus Schwerin – aus lauter Heimweh!«

»Jaaa«, sagt Tante Minna, »unser Walter, der hat das ja auch mit'n Fernsehn, der hat die Kabelanlage unter sich und den großen Teller, da sind wir alle an verkabelt, da kannst du Hamburg mit sehn, wegen Hamburg heißt das je auch verkabelt, weil da immer die Heidi Kabel mitmacht ... Aber«, sagt sie mir zum Trost, »Berlin kriegen wir auch gut rein.«

»Kiek an«, sag ich, »dann habt ihr ja allerhand zu kucken!«

»Nee, du, nu nicht mehr! Paar Spitzbuben haben die Anlage geklaut, mitten inne Nacht, stell dir bloß mal eins vor, un nu ist der Fernseh kaputt, kein Ton un kein Bild, das grisselt man bloß noch. Unser Walter, der hat da gleich'n Satz von in die Schweriner Zeitung eingesetzt. Hat er fein aufgeschrieben: ›Wie lange die Bildröhre nun tabu ist, das kann noch keiner sagen; jetzt heißt es für die Ruthenbecker Fernsehgucker erst mal wieder: lesen, lesen, lesen!‹ Nee, du, dat hett hei fein upschräben, sagt unser Dieter auch...«

»Dieter«, sag ich, »was für'n Dieter?«

»Na, Dieter! Von Onkel Hermann in Rostock! Dein Vetter Dieter! Ach, was war das ne schöne Hochzeit!«

An diese Hochzeit vor vierzig Jahren entsann sogar ich mich, als wäre sie gestern gewesen. Das heißt, weniger an die Hochzeit selbst, als vielmehr an die schrecklichste Straßenbahnfahrt meines Lebens. Eingebrockt hatte mir diese Spießrutenfahrt einzig und allein meine liebe Tante Minna, die zu jenen rotwangigen, niederstämmigen Frauen vom Lande gehört, die kein Wunder der Großstadt beeindrucken kann, kein Wolkenkratzer und kein Fernsehturm, von der Straßenbahn ganz zu schweigen. Tante Minna, die zu Fremden grenzenloses Vertrauen hat, teilte den ergriffen lauschenden Fahrgästen der Linie Zwo über meine Person alles Wissenswerte mit: »Das hier, das is der Junge von meine Schwester Anna, der soll auf die hohe Schule, der soll auf Dokter studieren, un wenn er da nich so mitkommt, denn kann er ja immer noch Tierarzt werden ...«

O wei, o wei! Blicke des Mitleids peinigten mich armes Landei; mein von Pubertätspickeln rosagepunktetes Antlitz rötete sich flächendeckend. Fluchtartig hatte ich die Bahn an der nächsten, besten Haltestelle verlassen.

Um endlich doch auch selbst etwas zur Unterhaltung beizutragen, überlege ich, ob ich auf diesen Zwischenfall vielleicht kurz, aber humoristisch eingehen sollte, doch Tante Minna ist schneller: »Sag mal, bist du in Rostock nich eins verkehrt aus der Elektrischen ausgestiegen? Gerhard un Ralf, die haben ja beide nach dir gesucht, das weiß ich noch, Dieter, der konnte ja nich mit, der war ja der Bräutigam, un denn seid ihr zu Kaffeezeit aber doch noch gekommen, un du hast dir or'ntlich einen angetütert gehabt, Lehment-Doppelkümmel, du hast so richtig hinfältig hast du ausgesehn ... Tjä, Elke ihre Ulrike, die wird je nu auch bald achtzehn ...«

»Ulrike«, sag ich, »Elke ...?«

»Na, Elke! Die war doch auch mit auf Dietern seine Hochzeit! Marianne war da mit Günter un mit ihrn kleinen Maik, un Onkel Fritz war da un Tante Marie, Hans un Liesbeth, Werner, Adi und Wolfgang ...«

»Wolfgang ...«, sag ich, »was für'n Wolfgang denn bloß?«

»Na, Wolfgang! Wolfgang is Elke ihr Mann. Erst war sie ja mit Karl-Heinz verheiratet, aber nach vier Wochen hat sie schon wieder auf ihre Scheidung gespart. Ich glaub, Ulrike, die ahnt da gar nicks von, daß Wolfgang nich ihr richtiger Vater is. Na, aber so is das in der Welt: 'n Kind kann ehrer 'n Vater wiederkriegen als 'ne Mutter. Bloß manchmal is er bißchen streng! Ulrike, die is ja auf'n Gynnasium, und Wolfgang, der sagt immer: Lernen, lernen, nochmals lernen. Aber Ulrike sagt, das sollen sie in der Schule nu nich mehr sagen, das stammt nämlich von Margot Honecker persönlich. Un denn is sie auch noch durch den Abitur ... Nee, nicht die Margot Honecker, uns-

re Ulrike. Bautz, is sie da durchgefallen. Un Wolfgang, nee, wat hett hei för'n Gesicht makt.
Un unsre Ulrike, die hat denn geweint! Nee, wat het sei rohrt! Ich sag zu Wolfgang: Wolfgang, sag ich, nu sei du man nich so streng mit Ulrike, wenn du auch ihr Vater bist! Wenn sie das Lernen nich so mag, denn is das auch nich schlimm. Wenn ihr das sauer wird, denn laß ihr doch. So'ne feine Diern, blond wie Claudia Schiffers, paß du man bloß auf, daß die dir nich durchbrennt nach Paris – als Super-Motel!«
»Als ... was?« sag ich.
»Als Motel! Als Super-Motel! Vielleicht, sag ich, kommt die dir sogar noch groß raus als Miß Mecklenburg oder Miß Vorpommern, sag ich, oder sogar als Miß Mecklenburg-Vorpommern, kann man ja alles nich wissen. Oh, aber nu erst mal! Ich soll nich in seine Erziehung reinfuschen, sagt er, ich bin ja man bloß die Tante, sagt er ... Aber ..., aber ... aah...« Tante Minna greift erschrocken nach ihrem Herzen.
»Segg mal, sünd de Klocken all halw twei?«
»Dei sünd all dreiviertel!« sag ich.
»Oh nee, oh nee! Denn is das für mich nu aber höchste Eisenbahn. Wir wollen ja noch nach'n Tierpark hin, und abends denn wedder nah Huus ...«
Mit überhöhter Geschwindigkeit kutschiere ich sie in meinem Auto zum Alexanderplatz, wo der Seniorenbus mit laufendem Motor zur Abfahrt bereit steht.
Mit einem vernichtenden Kopfschütteln drückt der Pilot meiner Tante Minna schweigend seine Mißbilligung aus. Ich versuche, sie sanft im Bus zu plazieren, doch sie ist

noch gar nicht ganz durch die Tür, da geht es schon wieder los: »Aber nu sag du doch bloß: Woans geht dir denn das so, mein Jung'?«
»Ach«, sag ich, »soweit ganz gut ...«
»Das«, ruft sie begeistert, »das muß ich doch morgen gleich Ewald erzählen! Un Brigitte, Gerhard un Ralf, Hans un Liesbeth, Onkel Fritz un Tante Marie, un Dieter un Walter un Wolfgang ...«
In diesem Augenblick schließt sich laut zischend die Tür. Elke, Ulrike, Werner, Adi, Karl-Heinz und all die andern weitläufigen Verwandten kommen nicht mehr an die Reihe.
Der Busfahrer hat es eilig, dennoch winkt er mir verstohlen zu. Soviel Zeit muß sein. Mit zwei Fingern deutet er dezent das Viktory-Zeichen an.
Ein harter Bursche.
Von meiner Tante Minna und ihrer vielköpfigen Familienbande läßt der sich seinen Fahrplan nicht durcheinander bringen.

Tante Minna und der Fortschritt

Lene Lüttjehann hatte die Poststelle in der Gemeinde unter sich und war folgedessen besser informiert als die Ostsee-Zeitung, die sie aus alter Gewohnheit immer noch gern als Wasser-Prawda bezeichnete. Neulich erst war ihre Tochter Keerolain als Miss Ribnitz-Damgarten demokratisch gewählt worden, von einer unabhängigen Jury, und nicht bloß in Ribnitz, nee, in Damgarten auch

gleich noch, sagt Lene, mit sage und schreibe vierundvierzig Punkten Vorsprung.
Gleich nach Ostern soll ihre Keerolain eine bestens bezahlte Stelle in Hamburg-St. Pauli antreten. Der mütterliche Stolz auf diesen Erfolg wird es wohl gewesen sein, der Lene Lüttjehann hinriß, sich durch Hochmut an meiner Tante Minna zu versündigen. Andererseits, direkt fein ist meine Tante Minna manchmal wohl auch nicht so ganz.
»Sag man eins, Lene, was muß deine Keerolain denn da nu so machen – die ganze Nacht, als Motel auf der Reeperbahn? Ganz ohne Sex wird das je woll nich abgehn, ne?«
»Ohne ... was?« Lene verschlug es die Sprache.
»Da is doch ein Sexual-Schopp an'n annern«, sagte meine Tante Minna und fügte in aller Unschuld hinzu: »Diesen ganzen Sex hat das ja früher gar nich gegeben, aber wer so was mag – worüm nich ...«
Hastig sagte Lene: »Und selbst, Minna? Woans geht dir das denn so in letzter Zeit?«
»Danke der Nachfrage, könnte besser gehen, mit'n Totbleiben will un will das nich klappen.«
»Tjä«, seufzte Lene Lüttjehann, »so is das Leben. – Und was darf's heute sein, Minna?«
Meine Tante Minna zückte ihr Portemonnaie, zählte acht messingfarbene Groschen ab und schob sie über den Schaltertisch: »Eine Briefmarke à achtzig, bitte.«
»Nanu, wofür das denn?«
»Unser Volker hat Geburtstag, der is ja nu auch all drei Jahre da unten in'n Westen tätig, direkt in Baden-Würstchenberg.«

»Weiß ich, Minna, weiß ich ja, aber ... ich mein, wofür soll die Briefmarke denn sein?«
»Dreimal darfst du raten, Lene«, sagte Tante Minna, die Neugier gar nicht schätzt, jedenfalls nicht bei anderen Leuten.
»Wenn die für die Glückwunschkarte sein soll, Minna, denn tut mir das aber herzlich leid. Achtzig Pfennig, das war einmal. Der gültige Tarif is eine Mark zehn ...«
»Eine Mark zehn, Lene?!« Meine Tante Minna erstarrte. »Dein Postamt wird je woll immer teurer.«
»Will ich gar nich mal sagen«, erklärte Lene Lüttjehann. »Die Eine-Mark-zehn-Marke kostet immer noch genau eine Mark zehn – genau wie vor tausend Jahre.«
Dieser vorlaute Scherz verletzte meine Tante Minna. »Wenn das so ist und immer gleich 'ne Mark zehn kostet«, sagte sie, »denn kann ich ja man lieber eins telefonieren.« Sie zog ihre Groschen wieder an sich, ließ sie ins Portemonnaie fallen und schob einen Zettel mit einer langen Telefonnummer durchs Schalterfenster.
Lene setzte die Brille auf und sagte voller Anerkennung: »Aha, hm, hm, Rudolfzell am Bodensee.«
»Radolfzell«, korrigierte meine Tante Minna und warf sich in die Brust. »Das heißt Radolfzell, Lene, nix für ungut.«
»Ach so? – Ach ja? Ganz wie du meinst, Minna, du mußt das ja wissen, denn heißt der Verteidigungsminister woll auch Bundesminister Radolf Scharping.«
»Das mag woll sein«, räumte Tante Minna ein und blickte höchst interessiert durchs Fenster geradewegs auf die bunten Banner des Gebrauchtwagenmarktes gegenüber.

Mit spitzem Finger wählte Lene, ganz Amtsperson, die gewünschte Nummer und drückte meiner Tante Minna den Hörer in die Hand, übrigens mit den Worten »Bitte schön, der Anschluß Rudolfzell!«
Ganz fest preßte Tante Minna die Muschel an ihr rechtes, ihr besseres, Ohr.
»Hallo!« rief sie. »Hallo!« Sie lauschte mit voller Kraft. »Volker?! Hallo! Sag doch was, mein Jung'! – Ich weiß genau, daß du zu Hause bist. – Worüm seggst du denn nix? – Hier spricht deine Mutter!«
Nichts.
Todunglücklich suchte Tante Minna den Blickkontakt mit Lene Lüttjehann, die sich rein zufällig vollkonzentriert in eine außerordentliche Inventur ihrer Postwertzeichenbestände vertieft, dabei den Piepton in der Leitung aber nicht überhört hatte.
»Da, Lene ...« Schweren Herzens gab Tante Minna den Hörer retour. »Weißt du, was er sagt! Er sagt, er ist gar nicht zu Hause!«
»Hm...«
»Sie haben eine Minute Zeit für eine Nachricht, seggt hei! Sie, hat er gesagt. Sie! Sie haben man bloß eine einzige Minute Zeit, seggt hei.«
»Hm.«
»Zu seiner eigenen Mutter sagt er Sie! Und denn hat er noch so albern gepiept und geflötet. – Ob hei duhn is, Lene?!«
»Hm.« Sagte Lene Lüttjehann.
»Aber wenn er sagt, er is nich zu Hause«, sagte Tante Minna, »denn muß er doch ei'ntlich zu Hause sein, sonst

kann er ja gar nicht sagen, daß er nich zu Hause is! – Ach, Lene, er hat als Kind auch all ümmer so doll geflunkert...«

»Man weiß ja nich«, mutmaßte Lene, »wenn das man nich bloß sein Anrufbeantworter gewesen is!

»Sein ... Anrufbeantworter?! Du meinst – er hat Personal eingestellt?! Nee, das denn nu doch noch nich, Lene. Kann er sich gar nich leisten, soviel verdient er denn doch noch nich... – Oder doch?!«

Lene Lüttjehann hob ratlos die Hände.

»Sie, seggt hei, zu seine leibliche Mutter.« Tante Minnas Augen füllten sich mit Tränen. »Zum Windelwaschen, ja, da is man gut genug für, das soll alles sein, das is alles selbstverständlich, und was war der Junge immer wund, un Penatenkrem gab das ja damals für Ostgeld nich!«

Lene Lüttjehann zuckte die Achseln.

Rache für Rudolfzell! Rache für die Reeperbahn! So was kommt von so was, und wie man sich bettet, so liegt man, und dann muß man die Folgen tragen.

Verstohlen wischte sich Tante Minna mit ihrem elegant bestickten Taschentuch die Feuchtigkeit aus den Augenwinkeln. Dann verfinsterte sie ihr Gesicht. Ratsch-ratsch, riß sie die Glückwunschkarte in Fetzen. »So«, rief sie, »nu will‘ wi mal eins seihn, Lene! Nu versuch du das man noch eins mit'n Telefon!«

»Wenn du meinst, Minna ... Aber das kostet natürlich noch mal extra Geld.«

»Denn laß das kosten, is ja nich dein Geld!«

Gehorsam wählte Lene ein zweites Mal den Anschluß Rudolfzell; hoheitsvoll überreichte sie meiner Tante Minna gleich nach dem Piepton den Hörer.

Meine Tante Minna ließ sich nicht lange bitten. »Lieber Volker!« rief sie mit dreifacher Zimmerlautstärke, um die gewaltige Entfernung bis zum Bodensee zu überbrücken. »Lieber Volker! Alles Gute zu Ihrem heutigen Wiegenfest wünscht Ihnen von ganzen Herzen Ihre liebe Mutter ...«
Oh, Mann!
Da hatte Lene Lüttjehann wieder allerhand zu erzählen. Sogar mir berichtete sie ausführlich von diesem grausamen Spiel.
»Lene, Lene!« sagte ich. »Kleine Sünden bestraft der Liebe Gott sofort – besonders in Mecklenburg und Vorpommern.«
Dies sollte nur eine leere Drohung sein. Es dauerte dann aber bloß noch vier Wochen, bis die privatisierte Deutsche Post AG ihre Filiale dichtmachte und so der Gerechtigkeit zum Siege verhalf.
Seitdem ist Lene depressiv.
Meine Tante Minna aber ist ganz schön obenauf.

Scharlie

Tante Minna hat sich einen Hund angeschafft. »Hunde«, sagt sie, »sind viel treuer als Männer! Auf fünf weggelaufene Männer kommt höchstens ein einziger weggelaufener Hund.«
So gesehen, war es kein großes Risiko, daß sie sich den Scharlie angeschafft hat.
Ich hatte es lange kommen sehn.

Unnötig zu betonen, daß sich seitdem jedes Gespräch um den Hund dreht, um den kleinen Scharlie, Scharlie hinten, Scharlie vorn, oder wenn schon nicht um Scharlie, dann doch wenigstens um Hunde im allgemeinen. Sie liest mit Vorliebe Bücher, in denen Hunde die Heldenrollen spielen. Freud und Leid teilt sie mit Krambambuli und Daschenka.
Scharlie weiß, wie gut er es getroffen hat, darum weicht er ihr nicht von der Seite. Unsere Gespräche finden also unter sechs Augen statt. Stundenlang erzählt sie uns Geschichten, in denen Hinz und Kunz, Krethi und Plethi, kurz: Menschen wie du und ich, durch die Seelengröße und Hilfsbereitschaft prominenter Hunde beschämt werden.
Kein zeitgenössischer Lebensretter könnte es aufnehmen mit dem opferbereiten altrömischen Rüden Delta, dessen Gerippe bei Grabungen in Pompeji zum Vorschein kam. Als seinerzeit am Fuße des Vesuv die Erde bebte, versuchte der brave Delta das Leben eines zehnjährigen Knaben zu retten, indem er sich reaktionsschnell als Retter über ihn wölbte und streckte. Leider vergeblich, wie Tante Minna berichtet. Diesem beispielhaften Betragen ließe sich heutzutage wohl nur im Fall eines Vulkanausbruchs Gleichwertiges entgegensetzen. Welches europäische Land aber, von Italien abgesehen, nennt schon einen Vulkan sein eigen?
Der Superstar ihrer Lektionen ist Berry, der humanistische Bernhardiner. Berry, ein Allwetterhund in Diensten des Klosters Sankt Bernhard, nahm bei jeder Witterung, bei Schneesturm und beim Donner der Lawinen, furcht-

los die Suche nach verschollenen Alpinisten auf. Für seine Pflichten brennend, ein Fäßchen wärmender, stärkender, hochprozentiger Erquickung umgeschnallt, drang er vor in die eisigsten Klüfte und Gletscherspalten.
Er hätte, behauptet Tante Minna, insgesamt zweiundvierzig Menschen das Leben gerettet. In goldenen Lettern verzeichnet das Buch der guten Taten seinen Namen. Auch sei ihm, sagt Tante Minna, ein Denkmal gesetzt worden, in Bern, in der schweizerischen Bundeshauptstadt stehe er ausgestopft im Museum ...
Scharlie nickt dazu.
Denn Scharlie versteht jedes Wort.
Scharlie kann sogar lesen!
Dafür hat Tante Minna einen unwiderleglichen Beweis: Scharlie lehnt es konsequent ab, ohne ihre Begleitung den Friedhof zu betreten. Grund für diese Weigerung, erklärt Tante Minna, sei das Hinweisschild am Eingang: Herrenlosen Hunden ist der Zutritt strengstens untersagt! Die Friedhofsverwaltung
Man braucht starke Nerven, Freunde.
Tante Minna strickt ihrem Hund Westover und Pullover, reine Schurwolle, »um Himmels willen nicks Synthetisches!« Als wäre er ein Kind und kein Pudel, beabsichtigt sie, ihn zu Weihnachten mit Goldbärchen und Liebesknochen reich zu beschenken.
Am Kaffeetisch gebe ich mir die größte Mühe, Thema eins zu unterlaufen. Zwei Häuser weiter sind, wie ich weiß, erst vor Jahresfrist junge Leute eingezogen, Stadtflüchter mit Ökoflitz, diese Sorte. »Wie«, sage ich, »geht's denn eigentlich den jungen Leuten zwei Häuser weiter?«

»Posedowskis!« sagt Tante Minna. »Die«, sagt sie, »sind endlich geschieden.« Er darf das Auto behalten, dafür ist der Hund, die Peggy, bei ihr geblieben. Posedowski hat sehr an dem Hund gehangen, sagt Tante Minna, darum fehle er ihm nun so sehr. Einmal in der Woche allerdings dürfe er ihn sehen. Das, sagt Tante Minna, sei ja nun wirklich nicht oft, »aber immer noch besser als gar nicks«. Zu ihrer kleinen Familie gehörte auch mal ein Kind. Das allerdings hatten sie schon lange vor der Scheidung weggegeben. Ich glaube, ins Tierheim.
Auf den Posedowski ist meine Tante Minna gar nicht gut zu sprechen. »Der is'n ganz schlechter Mensch«, sagt sie, »das is doch'n Statist, ist doch der! Die junge Frau hat ümmer so geweint! Nee, wat het sei rohrt! Ich geh ins Wasser rein, hat sie gesagt, und die Peggy, die nehm' ich mit!« – Na los, geh doch, hätte der Sadist gesagt, sauf doch endlich ab, du, aber alleine! Ohne den Hund! Der Hund bleibt hier!
Das Wort Hund faßt Scharlie als Stichwort auf, gähnt lustvoll und rollt sich ab von seinem Kissen neben der Heizung. Mir kommt ein Verdacht: Wenn Hunde reden könnten, würde man sie nicht mehr für so schlau halten!
Ich öffne meine Aktentasche und entnehme ihr einen Riegel knochenharten Hundekuchens. Den reiche ich Scharlie als Zeichen meines guten Willens. Flüchtig und wohl nur, um nicht ungastlich zu erscheinen, schnuppert er daran und wendet sich gelangweilt ab.
»Er hat Zahnwehtage«, erklärt Tante Minna.
Ich kenne diese Zahnschmerzen. Scharlie ist ein auf Leibgerichte spezialisierter, verhätschelter Köter.

»Weißt du, wer ich sein möchte, wenn ich nicht ich wär', Tante Minna? Dein Hund möchte ich sein!«
»Wenn es bloß die Zahnwehtage wären! Aber er ist ja auch noch wegen Herzkreislauf in therapeutischer Behandlung.«
Tante Minna hält mir Scharlies rotes Halsband unter die Nase. Daran baumelt außer der Steuermarke ein winziges herzförmiges Ledertäschchen. Dieses Täschchen enthält für den Fall der Fälle ein mehrfach gefaltetes Pergament, lautend auf den Namen Scharlie, mit Geburtsdatum, Geburtsort, Adresse, Telefonnummer und mit dem handschriftlichen Vermerk: Achtung, Hund ist in therapeutischer Behandlung!
Silvester, wenn die Knallerei losgeht, steckt sie ihn vorsichtshalber ins Badezimmer, um ihn vor dem Herzkasper zu bewahren.
»Und denn stell ich den Kofferradio an, un den laß ich denn ümmer dudeln bis Neujahrsmorgen.«
Die Idee finde ich nicht übel und halte es für denkbar, daß der Hund mittlerweile eine Menge Schlager und Popsongs kennt.
»Schallalischallala«, sagt Tante Minna, »das singt er immer mit.«
»Lenk nicht ab«, sage ich. »Der Hund ist für sein Alter viel zu fett, setz ihn auf Halb-Mast, Tante Minna!«
»Kiek an«, sagt sie spitz. »Ich kenn' andre Leute, die sind auch nich mehr ganz so schön wie früher.«
Tante Minnas Konter sind nicht von Pappe. Sie durchschaut mich. Sie kennt meine charakterlichen Schwächen und weiß, daß ich meine hohe Stirn, die in der ganzen

Welt als Vollmond anerkannt ist, noch immer für eine kleidsame, intelligenzverstärkende Stirnglatze halten möchte. Um mir zum Ausgleich aber auch etwas Liebes zu sagen, gibt sie ein süßes Geheimnis preis. Sie habe sich, sagt sie verlegen, wieder einen kleinen Freund zugelegt: »Alfred!«

»Wie alt?«

»Gar nich mal alt«, sagt sie, »sechsunsiebzig ...«

»Dann«, sage ich, »könnt ihr ja hin und wieder mal zusammen in den Park gehen.«

An so was, meint sie, habe sie unter anderem auch schon gedacht. Sie waren auch ein paarmal im Kino. »Aber immer bloß alte Filme!« Eine pikante Auswahl übrigens, die meine Tante Minna da getroffen hatte: »Die letzte Nummer« – mit Gerard Philipe, auch »Bis daß der Tod euch scheidet«.

»Morgen wollen wir wieder hin«, sagt sie. »Alfred is Filmfreund.« Auf dem Programm steht: »Von der Liebe leben« – geschlossene Filmveranstaltung für Senioren. Alfreds größter Vorzug ist sein Sohn Egbert. Egbert ist als Tierpräparator im Museum tätig.

»So ein Hund«, sagt Tante Minna, »lebt ja nich ewig.« Sie legt eine Kunstpause ein und blickt sich verstohlen um nach Scharlie, der auf seinem Kissen ein Nickerchen macht.

»Wenn er mal vor mir gehen sollte«, sagt sie, »denn laß ich ihn ausstopfen.«

Wie bitte? Was war das? Schwarzer Humor? Oder Sklerose? Oder beides?

Sie demonstriert mir mit Worten und Gesten, wie Egbert

mit dem Skalpell den Längsschnitt führen wird, vom Hals bis ganz nach hinten durch, wie er dem guten, alten Scharlie das Fell über die Ohren zieht, wie er das Fell gerben, ein Drahtgestell komponieren und dazu einen scharliegerechten Holzwollkörper modellieren wird, die sogenannte Puppe. Sie führt mir lang und breit vor, was Alfred ihr erst kürzlich vorgeführt hatte, die ganze Prozedur, die auch Berry, der humanistische Bernhardiner, einst über sich hatte ergehen lassen müssen.
Wahnsinn!
Sogar Scharlie sitzt, von ihr unbemerkt, mit schiefem Haupt und gespitzten Ohren da. Er weiß, worum es geht; denn er versteht ja jedes Wort. Er wedelt sogar zustimmend mit dem Schwanz.
Eines Tages wird er den Platz an der Heizung mit dem Platz auf der Kommode vertauschen. Von dort oben kann er, die Augen aus Lauschaer Glas, das Kinn auf den Vorderpfoten, alles verfolgen, was so passiert, fast wie im richtigen Leben.
»Und wenn ich eines Tages nich mehr bin, mein Jung'«, sagt Tante Minna, »denn mußt du ihn nehmen.«
»Ich?! Wieso denn grade ich?«
»Weil er in gute Hände kommen soll.«
Ach, du Heimatland!
Du denkst immer: So was gibt's doch gar nicht!
Und dann gibt's das doch.

ISBN 3-359-00985-1

2. Auflage
© 2002 (2000) Eulenspiegel · Das Neue Berlin
Verlagsgesellschaft mbH & Co. KG
Rosa-Luxemburg-Str. 39, 10178 Berlin
Umschlagentwurf: Jens Prockat,
unter Verwendung einer Zeichnung
von Reiner Schwalme
Druck und Bindung:
Salzland Druck Staßfurt
Die Bücher des Eulenspiegel Verlags erscheinen
in der Eulenspiegel Verlagsgruppe.
www.eulenspiegel-verlag.de